D0995870

Concours international de poésie en langue française pour lycéens et étudiants via internet, organisé par l'association «Poésie en liberté», le lycée Henri Wallon à Aubervilliers et le soutien du ministère de l'Éducation nationale.

Co-édition

www.poesie-en-liberte.fr

LE TEMPS DES CERISES

Cet ouvrage a été réalisé avec la participation du SCÉRÉN-CRDP de l'académie de Créteil

Photographie de couverture : Julien Baby
Graphisme et mise en page : Julien Baby, CRDP de l'académie de Créteil
Suivi éditorial : CRDP de l'académie de Créteil, Jean-Pierre Cascarino
ISBN : 2-84109-527-4
© Le Temps des Cerises, éditeurs, novembre 2004
6, ave Édouard-Vaillant 93500 Pantin
Tel : 01 49 42 99 11 - Fax : 01 49 42 99 68
courriel : editeur@tdcerises.com
Association Poésie en Liberté
Lycée Henri Wallon
146, rue des Cités
93300 AUBERVILLIERS

est une joie de présider un jury composé de lycéennes et de lycéens, surtout quand il doit se prononcer sur des poèmes écrits par d'autres jeunes. Les jurés du concours "Poésie en liberté" se sont montrés d'un sérieux, d'une endurance, d'un scrupule et d'une délicatesse remarquables. Ils respectaient ces auteurs inconnus, proches d'eux par l'âge et les préoccupations.

De tous les textes envoyés se dégage une impression dominante : l'ensemble est romantique par ses thèmes, classique par sa forme. Grands sentiments, grands problèmes individuels et collectifs cherchent une expression maîtrisée, qui s'approprie et parfois subit de splendides et encombrants modèles. Mais cette impression dominante n'est qu'un fond sur lequel se détachent d'innombrables touches personnelles, trouvailles, fulgurances, manières singulières d'aborder les vieilles cordes avec le vieil archet, pour produire un son mystérieusement neuf.

Quelques mots après la découverte des poèmes : je me souviens d'enchantements, d'une rose «restée derrière sa vie par erreur», d'une «éternelle messe», d'une «main de vinaigre», d'«incassables miroirs d'eau»…

Je me souviens de vers :
«Le oui de ma raison sur ma santé ricoche»
«Les vitraux menaçants m'entouraient de leurs soins»
«La Clé recouverte d'un soupçon délavé»

Je me souviens de savoureux «passages» :
«Une clope pendue au bec
Il chevauche sa bicyclette
Genre j'me la pète
Le nez au vent les pieds au sec»

Je me souviens de poèmes, mais il revient au lecteur de cette anthologie de faire sa propre glane. Merci à tous les acteurs de cette aventure poétique qui associe le désir d'expression et les possibilités actuelles de circulation des textes. En ces temps d'interrogation pédagogique, une telle expérience révèle l'immensité du possible.

Michel Besnier

a 6ᵉ édition de l'opération «Poésie en liberté» a recueilli 4 500 participations. Pour la France, cela représente 900 lycées, de tous types et 150 établissements supérieurs. À l'étranger, elle a concerné 150 lycées (dont une cinquantaine de lycées français) et 150 universités dans une soixante de pays francophones et non francophones dont, par exemple, la Chine, la Lituanie, la Slovénie, la Moldavie…

Si j'emprunte pour ce bref bilan le titre du poème de Solène, c'est qu'il représente, au-delà des thèmes traditionnels de l'écriture adolescente, une démarche toujours plus présente dans la participation de ces milliers de jeunes gens.

En effet, la poésie y est souvent vécue comme le lancement d'une aventure verbale, ainsi de ces formules qui jouent à la fois sur le rythme et la répétition «manque manque manque / manque moqueur» ou encore «tan, tan, tan t'en t'entends ?» mais, aussi, une aventure du questionnement sur ses pouvoirs, voire sa «légitimité» : d'un «poème comme ça…» à une «muse / inachevée», il flotte parfois une légèreté irrévérencieuse, «expression canon / et mots bidons / au vent des belles paroles / adieu madame école»… salutaire.

Certaines «nouvelles» pratiques scolaires, l'imitation, la réécriture, sont convoquées comme «une plume dans une louche de poète» ; ainsi le roi de l'azur trouve un écho dans le «Retour de l'albatros (…) C'est bien lui, oui c'est lui, le voilà, le cargo !» ou encore «Nos plumes détraquées» qui achève une réécriture de *El Desdichado*, de Nerval, par un dérisoire «Fin. Pauvre sonnet / Que voulez-vous… Il y a des jours parfois / Où les mots sonnent faux…».

Encore un mot pour saluer une initiative qui a permis à certains jeunes détenus de l'Unité pédagogique de Paris (Maison d'arrêt des hommes, à Fleury-Mérogis), de participer au concours, ainsi celui de Sébastien : «Menu pour le bruit / Steaks de tintamarre / et de tapage nocturne / Ragoût de bruits de moteurs, de moto / Sur rue bruyante…».

Merci à Marthe Emon, Michel Cosem, Gérard Noiret et Erwan Quenouille, amis poètes qui ont accepté de nous aider dans l'élaboration de l'anthologie par leur lecture attentive. Merci enfin à Michel Besnier, le président de jury, qui a conduit les délibérations des lycéens avec humour et qui nous offre, en prélude, un poème inédit.

En 2005, avec de nouveaux partenaires, le site de l'opération Poésie en liberté sera complètement refondu et enrichi notamment par de nouvelles rubriques mettant en œuvre les potentialités d'un langage propre au multimédia.

(jp.cascarino@club-internet.fr)

Notes pour une leçon de dentelle

J'insiste
Légèreté et transparence

Je ne parle pas de broderie
ni de fanfreluches
mais l'esprit du dessin
et de l'éloquence du point

Étudiez le point à la Rose
ce bord de vague
cette écume
Oubliez-le

Étudiez le point Colbert
ces lichens
ces anémones
Oubliez-le

Aiguille qui précise
Ou fuseau qui adoucit
Lin coton soie ou crin
Dentelle blanche ou noire

Que le jour fasse valoir le mat

Francis Bas, lycée Lafayette, Clermont-Ferrand
Élodée Boutin, lycée Henri Wallon
Étienne Champolion, lauréat 2003, lycée de l'Empéri, Salon-de-Provence
Marie Gilbert, Maison d'éducation de la Légion d'Honneur
Olivia Gross, lycée Kléber, Strasbourg
Gala Iliasova, N-D de Bellevue, Dinant (Belgique)
Bérénice Liénart, lauréate 2003, lycée Merleau Ponty, Rochefort
Émilie Marsh, lauréate 2003, lycée René-Josué Valin, La Rochelle
Pierre Saba, lauréat 2003, lycée Sainte-Famille, Amiens
Mona Terranova, lycée de Borda, Dax
Pascal Thaï, lycée Henri Wallon, Aubervilliers

Le jury était présidé par le poète et romancier Michel Besnier, assisté de Nicole Simonet, agrégée des lettres, vice-présidente de l'association "Poésie en liberté" et de Jean-Pierre Cascarino, poète, agrégé des lettres, délégué général de l'opération "Poésie en liberté".

Palmarès

1ᵉʳ prix : Vincent Legeay,
lycée d'Avesnières, Laval, Académie
de Nantes
2ᵉ prix : Laëtitia Le Men,
lycée Pierre de Coubertin, Meaux,
Académie de Créteil
3ᵉ prix : Angélique Badin,
lycée Charlie Chaplin, Décines,
Académie de Lyon

1ᵉʳ prix : Thibaut Giraud,
CNED, Académie de Rennes
2ᵉ prix : Anaïs Benoît,
lycée Jean Jaurès, Montreuil,
Académie de Créteil
3ᵉ prix : Mathilde Lavergne,
lycée Saint-Joseph, Nay, Académie
de Bordeaux

1ᵉʳ prix : Antoine Villard,
lycée Hector Berlioz, La Côte Saint-
André, Académie de Grenoble
2ᵉ prix : Emmanuelle Bernasconi,
lycée Champlain, Chennevières,
Académie de Créteil
3ᵉ prix : Cindy Falquet,
lycée Paul Héroult, Saint-Jean de
Maurienne, Académie de Grenoble

1ᵉʳ Prix : Pascal Paris,
université de Pau, Académie de
Bordeaux
2ᵉ prix : Christel Agier,
BTS, lycée Léonard de Vinci,
Académie de Grenoble
3ᵉ prix : Bertrand Coupey,
Cours Florent, Paris

1ᵉʳ prix : Cyrine Ben Hassine,
lycée pilote de l'Ariana, Tunisie
2ᵉ prix : Ilaria Alemanno,
lycée Morvillo-Falcone, Brindisi,
Italie
3ᵉ prix : Zamfir Raluca,
lycée Jean-Louis Calderon,
Timisoara, Roumanie

1ᵉʳ prix : Caterina Iacob,
lycée Jean-Louis Calderon,
Timisoara, Roumanie
2ᵉ prix : Abdoulaye Idrissa,
lycée Lako, Niamey, Niger
3ᵉ prix : Carmen Recchia,
lycée Ettore Majorana, Mola di Bari,
Italie

1ᵉʳ prix : Katia Belkhodja,
collège Jean de Brébeuf, Montréal,
Canada
2ᵉ prix : Marie Dercourt,
collège Notre-Dame de Bellevue,
Dinant, Belgique
3ᵉ prix : Boubacar Alhassane,
lycée Issa Korombe, Niamey, Niger

1ᵉʳ prix : Julie Guillemette,
campus Notre-Dame de Foy,
Sᵗ-Augustin de Desmaures, Canada
2ᵉ prix : Marie Léonard,
ISA, Jodoigne, Belgique
3ᵉ prix : Moumen Mohamed, Institut
de Pharmacie Essenia, Oran, Algérie

... **Murmures**

Étranges sensations que ces soufflements pour les sens.
Des milliers de notes qui rentrent dans la danse.
Le doux bruit tout à coup brutal fait encore des siennes
Comme un immense bonheur dans cette immense peine.

Un battement de cœur, la musique qui démarre,
Quelques paroles insensées tirées d'on ne sait où.
L'esprit de tout ceci ne rendant pas l'espoir,
S'éloigne peu à peu pour partir d'un coup.

Maintenant le silence présent sur chaque bouche.
Fantôme de phrases évanoui à chaque touche.
Plus que ce bruit pour calmer toutes larmes,
Bien réel, bien vivant, ne possédant pas d'arme.

Que le pouvoir de jouer et de toucher les âmes.
Insuffisant pour couvrir les souffrances
Débarquées sans prévenir avec l'aide des flammes,
N'ayant que le silence pour toute conséquence.

De ce murmure éternel plus personne ne rira
Car chacun au son de l'orgue se rappellera
Cette mère en sanglots qui serre de tout son corps
La dépouille restée muette du petit garçon mort…

Laetitia Le Men
Lycée Pierre de Coubertin
Meaux / Académie de Créteil
2e prix

La rose qui n'avait pas d'épine

Elle est restée derrière la vitre qui pleure
La poussière d'or masquée d'étoiles grisées
La rose fanée de leurs pluies de plomb brisées
Elle est restée derrière sa vie par erreur

Prisonnière des murs au parfum de ses larmes
Règnent les échos des regards inébranlables
En elle est gravée la différence ineffable
Et dans un dernier souffle elle a rendu les armes

Elle s'est enfuie du pauvre sol pour son esprit
La couleur enivrante de ces rêves sourds
La chaude lueur ternie de ces mots trop lourds
Elle s'est enfuie et la douce enfant l'a suivie

Un murmure du vent d'un langage angélique
L'appela dans un bouquet de rires d'enfant
La souleva sur son nid de caresses blanc
Bercée d'une ritournelle au charme idyllique

Les coloris renaissaient des plumes des dieux
Comme la neige d'argent tombait des oiseaux
Miroir des astres éternels au creux de l'eau
Le temps alors séduit s'est figé dans les cieux

Elle est restée derrière la vitre qui pleure
La poussière d'or masquée d'étoiles grisées
La rose fanée de leurs pluies de plomb brisées
Elle est restée derrière la vie qui se meurt.

Angélique Badin
Lycée Charlie Chaplin
Décines / Académie de Lyon
3e prix

Petite souris

Je souris, petite souris
Qui trompe le bouffi matou.
A malin, malin et demi
Félin tu trouves plus filou.

Attention petite souris,
Le chat fâché ne sourit plus
Il n aime pas la moquerie.
Attentionné, il ne joue plus.

Cache-toi petite souris !
Vite, vite entre dans ton trou !
Souriceau rusé n'est pas pris.
Quel maladroit ce gros matou !

Vexé minou s'est endormi.
Pour l'instant il ne chasse plus.
Il rêve et lui aussi sourit.
Danse souris au nez poilu !

Souriceau poltron que nenni,
Plutôt prudent du m'as-tu vu,
Trotte souris, pas vu, pas pris.
Matou matois est dépourvu.

Dès potron-minet la souris,
Point ne galope, point ne joue.
Du minet elle s'en méfie.
Félin est un fieffé filou.

Lycée Hector Berlioz
La Côte Saint-André / Académie de Grenoble

La Nef du Temps

Depuis l'auguste voûte, le soleil tranquille
Baigne de ses rayons une mer immobile,
Et le vent, caressant l'écume de dentelles,
Chante haut les louanges du ciel immortel

Mais l'on entend soudain un fracas de tambours :
Sur les flots bleus navigue un vaisseau noir et lourd.
Noirs sont ses quinze mâts, et noires sont ses voiles.
Un singulier théâtre se joue dans ses cales.

Parmi les galériens, un squelette est debout,
Qui frappe des tambours de mille et mille coups,
Et son crâne se tord en un sourire rance,
C'est la mort qui est là, et qui bat la cadence !

Et roulent les tambours, avec leur sombre bruit,
Et roulent les tambours, roulent à tour de bras !
Dè leur sueur brûlante, les rameurs sont gras,
Le vaisseau noir navigue au soleil de midi.

Ainsi vogue le temps, qui fleurit les campagnes,
Le temps qui, doucement, agite le berceau…
Le temps qui nous trahit, et nous traîne au tombeau !
Ainsi vogue le temps, qui abat les montagnes.

Et roulent les tambours, hérauts de l'agonie,
Et roulent les tambours, jusqu'à notre trépas !
Car déjà, c'est le soir, et les rameurs sont las…
La barge funéraire se fond dans la nuit.

Lycée Champlain
Chennevières / Académie de Créteil

Astre d'Opale

Lune couleur d'opale,
Pâle comme une morte lointaine.
Ta tendresse est paradoxale
À ton apparence froide et hautaine.

Tu as vu défiler les âges,
Les malheurs, les péchés humains.
Avec un regard triste et sage
L'influence mystique du malin.

Tu donnes aux pillards ta lumière,
Aux savants ton inspiration
Tu montres le chemin des enfers,
Aux victimes de la damnation.

Tu es l'artisane du ciel,
Et de tes fines mains d'argent
Sortent des anges emplis de fiels,
Qui prennent des airs terrifiants

Tu aimes la vie, tu fuis le temps
L'heure de la mort tu ne sais point.
Déesse lunaire, astre brillant,
Amante éternelle de l'être humain…

Cindy Falquet

Lycée Paul Héroult
Saint-Jean de Maurienne / Académie de Grenoble

L'archée

J'ai jamais su vraiment manier l'art du retour
Et ces mots qui te blessent voudraient parler d'amour
De mes rêves à tes lèvres il y a tant de détours
Mes ailes se sont brisées sur les murailles des jours

Personne dans la plaine ne sait ce drame d'hiver
Chacun d'entre vous passe et mes larmes l'indiffèrent
Pas d'ange à l'horizon sur cette sphère de misère
Je reste avec ma peine dans ma prison de verre

Et lorsque sonne l'heure comme on déclare la guerre
La foule se met en marche, libérée de ses fers
Et les oiseaux s'envolent comme autant de prières
Les yeux soudain s'éclairent d'une vie éphémère

Et moi parmi les Autres je cherche la lumière
Et de mon cœur à vif, j'ai embrasé la Terre
Incandescence unique que ma raison fit taire
Je fais ma vie des sangs d'une passion meurtrière

Sur l'encolure d'oubli, enfin mes bras se serrent
De son aura de feu, ton nom brûle mes chairs
Au galop des adieux mon âme vise l'Enfer
Mais dans ma nuit, l'Amour se cabre de colère

Car mon cœur immuable croit encore aux toujours
Et toi si désirable je t'appelle au secours
Et tes yeux de silence irradient en retour
J'ai jamais su vraiment manier l'arc de l'Amour…

Thibaut Giraud
CNED
Académie de Rennes
1er prix

Nos plumes détraquées

Salir la page blanche en un pauvre poème
Poser le premier mot poser le premier vers
Ajuster la césure avec art et manière
Rêver d'être un auteur quand on est que soi-même

Je suis le ténébreux le veuf l'inconsolé
Empruntant à Rimbaud Baudelaire ou Nerval
Fascinants forgerons de lignes inégales
Pardonnez-moi les vers que je vous ai volés

Suis-je auteur ou plagiaire ? Inventeur ou larron ?
Je suis le ténébreux le veuf l'usurpateur
De ces mots dont jamais je ne serai l'auteur

Car je n'ai jamais su traverser l'Achéron
Tant la lyre d'Orphée, instrument indocile
Refuse d'obéir à mes doigts malhabiles

Fin. Pauvre sonnet.

Que voulez-vous… Il y a des jours parfois
Où les mots sonnent faux

Espoir Aveugle Beauté Muette Inaccessible Rêve
Illusion Passagère Douleur Dévorante Passion Éternelle
Bêtise Humaine aussi…

À quoi bon se mentir ?

Nos plumes détraquées
Ne font jamais qu'écrire
Des mots simples pour dire
Des choses compliquées.

Lycée Jean Jaurès
Montreuil / Académie de Créteil

Larme de lune

Ô ma lune la nuit dans les cieux scintillante
Mon esprit affaibli recherche ta clarté
Mon esprit repenti implore ta bonté
Douce lune de miel suave et élégante.

Chante ma lune d'eau pour mon âme souffrante
Et sois le rossignol d'un espoir épuisé
Car tout au fond de moi rien n'est plus à puiser
Et ma tête est restée dans la lune mourante.

Mais c'est encore là-haut qu'elle est la plus heureuse,
Loin des mots, des débris d'une vie poussiéreuse,
Et au milieu d'un flot de propos agités,

Carrousel amarré au port de mes mensonges,
Toujours prêt au voyage au travers de mes songes,
Se refusant souvent à la réalité.

Un soir de novembre, la pluie battante
Embuait les verres de mes lunettes.
J'ai couru jusqu'à la salle d'attente
J'ai couru jusqu'à sa perte…

J'ai enlevé mes lunettes embuées,
Je n'ai pas vu de suite ce geste,
La pluie et les larmes… mon regard embué…
On me désignait la porte, cette peste.

J'ai poussé la porte du vivant
Pour entrer là où respirait la mort
Elle était morte juste avant.
J'ai lâché mes lunettes face à ce sort.

Elles se brisèrent sur ce sol glacial,
Ce sol qui a porté ses derniers pas.
Seule face à celle qui a poussé la porte impériale
Seule face à celle que je ne reverrai pas.

J'ai titubé, marché sur mes verres,
Mes yeux lâches ne pouvaient la voir.
J'ai bredouillé quelques prières,
Dans ce blanc hôpital, il faisait si noir…

J'ai embrassé sa peau froide et morte,
J'ai laissé mes lunettes là où elles étaient.
J'ai titubé jusqu'à la porte,
Laissant mes verres porter son dernier reflet.

Pascal Paris
Université de Pau
Académie de Bordeaux

1er prix

Le cadavre

Un corps se refroidit et gît mortifié,
Sous un manteau de vent, odeur nauséabonde.
On devine tendue sa main atrophiée,
Dans laquelle souvent la misère est féconde.

Puis l'on voit s'affaisser sa tête déliée,
Où la vermine sue de quelques plaies profondes.
Sa bouche entrouverte, pour nous remercier
Laisse sortir un souffle et des vapeurs immondes.

Cherchant à se nourrir, une meute de chiens
Le rejoignent parfois aux abords de la rue,
Lorsqu'enfin son regard fixe un œil inconnu.

Une enfant qui jamais ne s'enfuit devant rien,
Regarde avec son cœur l'homme qui fait la manche,
Lui pose dans la main, sa monnaie du dimanche.

J'ai poignardé ce cahier avec l'encre de ma plume
Gravé mes maux en laissant couler le sang indigo
Se mêlant à mes larmes qui glissaient sur les carreaux
Devenant l'acier des armes de mon amertume

J'ai tant prié devant ce cahier, ce témoin fragile,
Qu'il est devenu le reflet de toutes mes souffrances
Le lieu privilégié de mes absences, de mes silences
L'espace irréel qui se transforme en terre d'exil

L'endroit de papier où je pouvais exister sans vivre,
Où je pouvais te blesser sans jamais te voir saigner,
Te faire du mal ou bien pleurer, ne pas t'épargner,
Où je pouvais écrire ta mort, publiée dans un livre

Tu avais fait de mon âme du papier déchiré,
Ressemblant à ces livres brûlés dans l'autodafé,
Quand leur fumée obscure, quand tes blessures m'étouffaient
Les douleurs que tu m'infligeais m'empêchaient de respirer

J'ai poignardé ce cahier avec l'encre de mes pleurs
Gravé mes mots en couleur transparente de l'oubli
Se mêlant aux traces effacées de la mélancolie
Devenant une page blanche, une nouvelle heure.

Intimité

Aucun mot vivant dans le rouge de mon cœur,
Ne peut peindre cette rose aux mille couleurs,
Éclosion brutale à travers tout mon être,
Du germe d'un désir, naissance d'un peut-être.

Préface d'une histoire que je n'osais écrire,
Mes sens s'envolent-ils afin de me trahir ?
Dire un seul mot comme une simple mélodie,
Juste un seul mot pour fonder une symphonie.

Un jour le ciel de son regard s'est envolé,
Existence embrasée par un profond regret,
Le temps désormais joue seul sa partition.

Note de nostalgie, pensées d'émotions,
Le temps a raturé ses traits dans ma mémoire,
Elle est restée le poème de mon histoire.

Les cauchemars bleus
Dans cette ère où pénombre triompha
Je trouve peine à me défaire
De cauchemars où le mal je vois
Déchiquetant les ombellifères
Ce tourment tactile que je frôle
Cette amertume qui s'ensuit
Cette main gelée sur mon épaule
Dont toute lumière s'enfuit
Là-bas au loin ces farfadets
Qui de nos espérances tatouinent
Qui nos navires font chavirer
Détenant en main nos boulines
Moi dans la brousse je déambule
Perdue à l'antre de la fantaisie
Telle une enfant candide, crédule
Je ne sais point où j'en suis
Leurs rires hideux de l'agonie
Aux festins d'âmes malveillantes
Toute cette funèbre ironie
Qu'ils sèment est empoisonnante
Céder à la rêverie ou plaindre
Cette massacrante réalité
Que de ma vie je ne veux plus craindre
Mon choix est désormais fait

Lycée Morvillo-Falcone
Brindisi / Italie

Tes yeux

Je les voyais
Je les regardais
Avec la pensée
Je les caressais
Je les désirais et je les aimais
Mais tout d'un coup
Le temps s'est arrêté
En me disant :
« Ne me perds pas
Pour deux yeux clairs ».

Lycée Jean-Louis Calderon
Timisoara / Roumanie

Jeu d'enfant...

Le soleil verse des rayons de sang
La lune ne se lève plus,
Les étoiles sont vaincues,
Les planètes se tourmentent,
L'univers est seul et infini,
L'herbe pousse de haut en bas,
Les terriens ont quitté la vie,
Les oiseaux ne chantent pas,
L'arc-en-ciel a deux couleurs :
Blanc et noir.
La jungle murmure à peine,
Les rues – pleines de voleurs,
Les gens perdent l'espoir,
Les uns sont gais et vivants
Les autres pleurent et meurent,
... je suis morte depuis longtemps...
            mais je vis...

Collège Jean de Brébeuf
Montréal / Canada

Dix-neuvième

Marathon morbide de mes mots sur le papier
Que j'écris à genoux devant des souvenirs
D'une autre époque, des veules et lentes araignées
Au plafond de l'écrivain qui savait souffrir

Mes larmes ont la couleur du sang de Baudelaire
Mon regard dément a la langueur du spleen
Je voudrais suffoquer, me noyer dans ses vers
Brûler dans ce bûcher, ardente et assassine

J'aurais été sorcière si j'étais née plus tôt
Mélusine maléfique d'une Salem bien-pensante
Avec une fleur de lys tatouée sur le dos
J'aurais mordu des lèvres dans ma mâchoire sanglante

Aux Halles de Paris, j'aurais fait la voleuse
Rêveuse courant les rues, sauvages pour mes victimes
Crachant sur les commères, dans ma figure de gueuse,
Deux grands yeux innocents attristés par le crime

Et Rimbaud et Verlaine, fous amoureux de moi
Écriraient des merveilles d'amour et d'émotion
La cruauté douceâtre d'une robe de soie
Aurait miné leurs âmes et tué leurs passions

Mais qui que j'eusse été dans ce siècle à d'autres
D'autres femmes, d'autres auteurs, d'autres folles amantes
J'aurais quand même été la triste et sombre apôtre
De notre amour naïf qui s'étonne…
Que tu me mentes.

Soir d'été

Voici venue la nuit
La nature dévoile
Ce qui reste de la vie
Peut-être un voile

Le soleil se couche
La mer bleue s'assouvit
Les couleurs s'ébauchent
Sur le ciel du Mali

Tout ceci est trésor
Présage d'un pur monde
Plus précieux que de l'or
Plus beau que ton onde

Les étoiles se glissent
L'astre blond s'évanouit
La lune s'immisce
Et tes yeux saphir luisent

Puis ton corps s'enivre
Ton esprit s'évide
Phébus se délivre
Toi, tu sors du vide.

Boubacar Alhassane
Lycée Issa Korombe
Niamey / Niger
3e prix

J'aime

J'aime le message de la mer
Le bruit des pas sur les routes
L'espoir au fond des prisons
Le refus des agenouillements
La dernière balle du dernier traqué de Thiaroy
J'aime le paysan sous le soleil
La solitude verte du berger
Les rêves à la clarté des étoiles
Les voix flexueuses au bord de la lagune
J'aime les velours des cerisiers
Les heures douces sous les tamariniers
Les chevauchements des cauris sur le van
La rondeur des calebasses pleines
J'aime la danse autours du feu
La danse au clair de lune
Les ivresses du "toto"
J'aime le sinistré de la dernière pluie
Les enfants pour leur innocence
Les filles pour leur soupir d'amour
Les femmes pour leur clair sourire.

Lycée Jean-Louis Calderon
Timisoara / Roumanie

Au bord du rêve

Au bord de chaque rêve
Il reste un désir non-accompli
Une mystérieuse nostalgie, un furtif esprit
L'espoir d'un jour plus complet

Au bord de chaque rêve
Il reste une larme sèche dans le malaise
Un amour perdu au fond de l'abîme
Dans l'ombre d'un fait surgi du désir

Au bord de chaque rêve
Il reste un sentiment de crainte
Une pensée cachée, confuse et vague
Qui te transforme brusquement en diable

Au bord de chaque rêve
Nous restons seuls à côté des illusions
En essayant l'âme ouverte
De survivre entre les confusions.

Paix...

Je vois rouge. Du sang dans les veines, rouge. De la peinture jetée sur un mur, rouge. Des nuages crépusculaires, rouges.

Je veux du rouge... sur ma peau blanche. Sur ces murs jaunes affadis par les ans, je veux du rouge. Je veux du rouge dans le ciel et dans l'eau, je veux voir l'écarlate sur la neige et les visages.

Je veux des larmes ensanglantées... à l'image de la douleur qu'elles laissent couler à flot... De l'encre sanguine pour pleurer sa peine sur le papier... Des gouttes carminées pour arroser ce monde de nouvelles couleurs... On ne garde pas la colère et la tristesse dans des pastels, on l'exorcise dans le rouge. Il faut ouvrir la plaie des cœurs blessés... Sur une feuille rouge je trace en blanc les mots de paix... La tempête s'apaise, la feuille s'envole et le rouge disparaît. La feuille se pose sur une rivière de larmes translucides, et moi, je regagne ma transparence...

Lycée Ettore Majorana
Mola di Bari / Italie

Je voudrais...

Je voudrais toucher le vert du ciel
Je voudrais voir la voix d'un enfant
Je voudrais sentir le soir
Je voudrais goûter la lumière des étoiles
Je voudrais écouter les roses riantes du paradis

Je voudrais toucher le miaulement des oiseaux
Goûter le vent de l'orage
Voir le lait rouge des chiens
Sentir le sens secret de mon cœur
Écouter la fumée jaune d'un train
Je voudrais seulement sentir, toucher, voir, écouter et goûter la vie.

Campus Notre-Dame de Foy
Saint-Augustin de Desmaures / Canada

Les portes de l'esprit

Plusieurs fois j'ai tenté de te faire taire
Mais sans faiblir, tu me ris au nez
Si ardemment j'attends l'heure où l'on me croira
L'heure où plus jamais tu ne m'atteindras

"Ta campagne contre moi est inutile
Jamais tu ne me détruiras
Je suis ton ombre, ton double
Que tu le veuilles ou non, j'y suis j'y reste"

J'ai cherché la paix au fond de moi,
Je n'y ai trouvé que désolation
J'ai voulu faire appel aux puissances supérieures
Personne ne m'a répondu, personne ne m'a écouté

"Que tu es ridicule!
Personne ne peut rien pour toi
Je suis ton ombre, ton double
Que tu le veuilles ou non, j'y suis j'y reste"

Comment pourrais-je me révolter?
Sans te réveiller, toi, cet ouragan endormi
Comment briser la malédiction qui pèse sur moi?
Sans briser les chaînes me retenant à la vie

"Jamais tu ne seras en paix
Compte sur moi, j'y veillerai personnellement
Je suis ton ombre, ton double
Que tu le veuilles ou non, j'y suis j'y reste"

Marie Leonard
ISA
Jodoigne / Belgique
2ᵉ prix

La rencontre

Un crapaud ne mord pas
Il bave des baisers
Et quand vous touchez le dégoût
La force vigoureuse vous arrache un chant des plus beaux
Petit crapaud devient grand
Et sa blondeur se redresse à chaque pas
En arrière l'homme surprend la femme
Mais l'instant grave la métamorphose
Épuise le crapaud convulse
Ses os à l'air et son cœur en dedans
Elle s'accroche à lui qui se souvient
Elle n'est pas sûre qu'elle a touché
Le désir du dégoût reste quand il s'en va
Mais déjà il s'est envolé…

Moumen Mohamed
Institut de Pharmacie Essenia,
Oran / Algérie

Qui hais-tu mon frère ?

Que s'est-il passé hier ?
Que s'est-il passé mon frère ?
Aussitôt notre chemin a dérivé,
Criblé d'épines où l'on ne peut récolter
Ni amour, ni espoir.
Qui hais-tu mon frère ?
Une mère a perdu son enfant.
Que fait-t-elle maintenant ?
Elle engendre un autre enfant
Qu'elle offrira demain
Au monde des vivants,
Qui hais-tu mon frère ?
Et qui hait tue mon frère,
Mais qui es-tu mon frère ?
Et la vie reprendra, rappelle-toi ;
Dans les nuits froides de l'oubli,
Les grands vents emporteront
Feuilles mortes, souvenirs, regrets et aussi
Les deuils, les peines et les désespoirs…

Rodrigue Ishimwe
Petit Séminaire Baptiste
Butare Ville / Rwanda

Une feuille tombe
De l'arbre elle vole, me survole
Elle tournoie dans l'air et se pose…
Moi aussi je tournoie
      Perdu dans ce pays de mille et une
          En un mot appelé collines…
Tous les miens sont éparpillés
Autres cieux les hébergent
Tous ces conflits, toutes ces guerres…
Je suis seul ici
      Je me sens si seul ici
Mais je sens que le vent vous couvre
      L'air vous chauffe
          Et vous garde…
Seul
Seul oui
Seul est le mot
Mais aussi seul non
Puisqu'au loin il y a l'horizon
Au loin il y a l'espoir.
Ô vent qui m'effleure,
Dans ta course et tes voyages,
Berce bien chaudement les miens
Et donne leur une nostalgie de notre terre…
Dis-leur ma solitude…

Galina Itasova
Collège Notre-Dame de Bellevue
Dinant / Belgique

Faucheuse des âmes

Sereine et implacable,
Dénuée de sentiments,
Hasard inextricable
Ou usé par le temps,

Séduisante et tragique
Dans son étreinte aimante,
Défi de toute logique
Comme une course lente,

Un aller vers l'Enfer,
Une route vers l'extase,
Une poigne de fer,
Début d'une nouvelle phase,

Elle consume la vie,
Son feu et son essence
Sans demander l'avis,
Elle agit en silence,

De la vie est la fin,
Est la marque du sort,
Du mortel le destin,
La demoiselle Mort

École Secondaire "Dzukija"
Alytus / Lituanie

Elle allait…
Elle allait tout droit…
Elle allait courageusement et résolument…

Et sur ses joues les larmes de cristal coulaient…
Les grandes larmes d'une petite fille…

Il n'y avait pas de beau sourire sur son visage…

Elle ne chantait pas…
Elle gardait le silence…
Elle gardait le silence et allait…

Dans cette tranquillité toute la douleur est disparue,
toute la tristesse et tout le chagrin…

Et c'était seulement un petit papillon qui jouait
autour d'elle dans ce silence…

Athénée Royal de Spa
Spa / Belgique

Poème comme ça

Dans le cumin des eaux
la brume descend du soir
au loin le bruit des enclumes
martèle la ville d'un au revoir

villégiatures et vertes parures
badinent au creux des lacs
sur une onde bronze et pure
figés au trot du fiacre

bal noir qu'offre cette coutume
champs d'argent et de magie
qui se lève au clair de lune
dernière demeure de vie chérie

canard en râle
et verte pâle
bouchée du matin
salut et à demain

Pinocchio attend ici
que la lune, bonne prune
daigne de son dédain
descendre de son bain

Jaune d'œuf et courte paille
blanc bec et grande muraille
à nous Paris, jamais de faille
attention ça va faire maille !

expression canon
et mots bidons
au vent les belles paroles
adieu madame école

Calcutta cherche-moi
en moi germe une idée folle
renaissance de l'envol
par pitié épargne-moi.

Solene Balay
Lycée Champlain
Chennevières-sur-Marne

Il était un poème...

Il était une lettre,
Toute petite, toute coincée,
Perdue dans l'immensité
Il était un mot autour de la lettre,
Tout petit, tout coincé,
Perdu dans l'immensité
Il était une phrase autour du mot,
Toute petite, insensée,
Perdue dans l'immensité
Il était un paragraphe autour de la phrase,
Tout petit, abandonné,
Perdu dans l'immensité
Il était une page autour du paragraphe,
Toute petite, toute cornée,
Il était un livre autour de la page,
Tout petit, tout serré,
Perdu dans l'immensité
Il était une bibliothèque,
Toute petite, toute déserte,
Ils étaient des milliers d'auteurs
Tout petits, oubliés
Perdus dans l'immensité...

Caroline Dubois
Lycée Polyvalent Stella
Piton-St-Leu / La Réunion

Sonnet pas pour les cloches

Sautant à cloche-pied sur les zéros pointés
J'écoutais tinter les Pâques chocolatées
Alors dans les poudres d'or de la fée Clochette
Je sonnaillais devant tous, sifflant à tue-tête

Allongée sur un nuage où carillonnent
Les chansons de Cloclo jouées au xylophone
Je ne sais pas pourquoi je doute, je grelotte
Je veux croquer la vie pourtant je la grignote

Qui saura donc me résonner, me dire pourquoi
Du battant des paraîtres au sommet des émois
Le oui de ma raison sur ma santé ricoche

Pourquoi qu'on soit clochard, sonneur ou fils de roi
Le bourdon nous touchant même du bout des doigts
Y a-t-il donc toujours quelque chose qui cloche ?

Clara Adnet
Cité scolaire Gaston Crampe
Aire-sur-l'Adour

Sur le seuil ensoleillé d'une porte basse
Volent au vent quelques vestiges de vers de jeunesse ;
Les fleurs d'oranger se laissent bercer sur leurs tiges lasses
Par les romances printanières de la paresse.

Derrière la popeline blanche des rideaux légers,
À sa table elle écrit ; les rayons du soleil
Réchauffent le bois irrégulier et veillent
Sur les mots qu'elle a doucement murmurés.

Dans un coin de la pièce, l'inspiration somnole,
Blottie dans les bras de poèmes inachevés ;
Elle sourit, se remémorant leurs fugues folles
Et attend d'étreindre enfin sa réalité.

Quand sa muse soudain s'éveille, c'est elle qui sent,
Qui touche, qui ose, qui serre – déserte – se resserre ;
C'est elle qui joue, qui se lasse, qu'on délaisse, qui se perd,
Qu'on pardonne ; c'est elle qui saigne, qui se demande et se ment.

Sur le seuil étoilé d'une porte basse
S'envole sans un souffle un parfum d'insomnie ;
Un soupçon de mystère se prélasse
Contre le froissement de son corps alangui.

Lycée Madeleine Daniélou
Rueil-Malmaison

Chair vous

Crevasse déposée au creux de la prairie,
Signaux d'été polis croquant la pomme verte
S'effacent de pelouse au cliché obsolète,
Le roi grisé enlace des fruits interdits.

Son ventre en trèfle à pique est un carreau de loin ;
Que sa femme a cousu, ce matin de bonne heure :
Elle aime les habits sur la graisse d'un cœur,
Malhabile et de chair plus porté qu'un vaurien.

Hideuse image que cet homme répugnant ;
Joueur de vies perdues et de femmes tuées
Son ornière de haine a l'esprit d'un gagnant :
Le prix de son désir a creusé les fossés.

Enfin l'épouse véridique, à l'horizon,
Voyageant sur le pré défleuri par la menthe,
Ne voyant le fossé de terre suintante,
Elle sombre sans bruit ; pas d'adieux au cochon.

Le mari hoqueta. Sa femme est bien partie.
Un bonheur le matin est promesse de noces ;
La boule à graisse exhorte un porteur décrépi :
«Allez me retrouver la donzelle précoce ! »

Anthologie

Aurore

La neige luit sous la lumière
Hésitante de la lune.
Le paysage glacé
Chante sa tristesse,
Accompagné des sanglots désespérés
Du vent.
Le temps semble avoir suspendu sa course
Effrénée et impitoyable.
Les flocons tombent, silencieux,
Essayant de ne pas perturber cet ultime
Adieu.
La Nature entière
Pleure la disparition
De son enfant.
Brisant cette courte impression d'éternité,
Le soleil embrase enfin la montagne,
Éclairant de ses rayons crus
Le minuscule corps saisi par le froid
D'où la vie vient de s'enfuir,
Tellement silencieusement.

Rébellion d'exilés

Bastingages déchaînés
Barrages interminables
Les malheurs des tranchées
Encore, encore, minables !

Bataillons alarmés
Terre de feu, terre en flammes
Les brouilles de l'exilé
Sans le moindre camouflage.

Avance, avance
Mêle-toi à notre sueur
Ainsi, feu et flamme
Sang et râle
Seront nos lueurs

Et dans nos esprits
La rébellion naîtra
Ainsi libérés
Nous, les effrontés !

Nous affronterons l'illusion
Qui n'est qu'invalide
Nous renaîtrons lions
Et mordrons ces vils.

Lycée Sainte-Marie
Angers

Presque tout pour toi

J'ai défié la lune pour toi,
Combattu les étoiles pour entendre ta voix,
Conquis l'univers
Pour te ramener les plus beaux trésors de la terre.
Pour toi, j'ai cueilli les plus belles fleurs du jour
Juste pour avoir ton amour.
J'ai même tué le soir
Pour que tu puisses dormir sans avoir peur du noir.
J'ai transpercé les cœurs les plus forts
Pour sentir tes cheveux couleur or,
Combattu les infidèles
Pour te prouver que je te suis fidèle.
J'ai souffert mille douleurs
Pour que batte ton cœur,
J'ai tué sans pitié
Rien que pour être dans tes pensées,
Enfermé le silence
Et l'espérance.
Mon corps a dormi près de toi
Pour t'empêcher d'avoir froid.
Je suis prêt à mourir
Pour te guérir
Mais je ne veux pas te tuer
Pour te libérer.

Mael Le Quellec

Lycée Vauban
Pontoise

Marie

Tu es si belle quand tu ris,
Et autant quand tu souris,
Quand tes yeux se perdent dans le vide,
Le vide de la vie.

Cette vie difficile,
Que tu achèveras sur une île,
Une île de désir,
Mais surtout de plaisir.

Je veux t'embrasser,
Sur cette bouche de toute beauté,
Mais je n'ai pas osé,
De peur de te choquer.

Mais je t'attendrai,
Sur ce quai,
Avec un bouquet

Ou peut-être deux,
Rien que pour tes yeux,
Bleus, bleus, bleus,
Je suis amoureux.

Lycée Chopin
Nancy

Elles

Derrière des flammes,
Se cache une larme.
Irrésistible et glaciale,
Invincible et fatale,
Cette larme est infatigable.
Elle court, elle nage
Dans les nuages
Usée par l'âge.
Par amour d'une flamme,
Cette larme devient femme.
Certains jours,
Cet amour,
Quelque peu,
Se meurt
Puis revit
D'heure en heure.
Leur cœur saigne
Quand le silence règne.
Isolées,
Écartées de tout,
Larme et flamme
Font toutes deux
Corps et âmes.

Pauline Leclerc
Lycée François Truffaut
Challans

Autour du même refrain

Vos rires s'étalent dans la lumière
J'envie le vent de vous frôler
J'envie cette femme de vous aimer
Vos rires s'étalent dans la lumière…
Vos yeux se posent dans le vide
J'envie le temps de vous vieillir
J'envie ses mains de vous tenir
Vos yeux se posent dans le vide…
Votre souffle vole à mon visage
J'envie l'air que vous respirez
J'envie son corps de vous réchauffer
Votre souffle vole à mon visage…
Vos sourcils alors se froncent
J'envie la poussière de vous coller
J'envie sa peau que vous caressez
Vos sourcils alors se froncent…
Vos rires s'étalent dans la lumière
J'envie le vent de vous frôler
J'envie cette femme que vous aimez
Vos rires s'étalent dans la lumière
Ainsi tourne ma vie
Autour du même refrain
"Si", "si" et "si"
"Si" j'avais accepté votre main…

Croire en son rêve

Depuis tout petit, tu disais : et mon rêve ?
Et on te répondait : il faut d'abord travailler
Et après seulement tu pourras y songer
Car les rêves naissent mais bien vite disparaissent.

Alors depuis tes quinze ans tu travaillais,
Parfois tu te bloquais, tu t'énervais
Et tu disais : et mon rêve ?
Comme d'habitude, on t'ignorait.
Tu as passé ton bac, fait tes études, travaillé,
Tu ne le disais plus mais dans ton cœur
Une voix criait : et mon rêve !

C'est alors qu'il est arrivé,
Ce jour où tu as décidé de tout quitter
Pour une fois tu ne disais plus
Et mon rêve mais : voilà mon rêve !

À partir de là, tout s'est enchaîné
Les projets, les billets, tout fut prêt
Et ce jeudi 15 tu t'es envolé
Pour enfin le réaliser !

Lycée Jan Lavezzari
Berck-sur-mer

Première fois

tissu arraché, pénétrante douleur, pleurs
saignements !
première chute
perpétuelle
empreinte dans
le corps, dans
l'esprit

cicatrice

terrible regret qui me tourmente
me hante ! tourbillon !
perdue à jamais
cette virginité
que le temps a emportée
cadeau de la vie
arraché
qui m'empêchait
de découvrir
ce chaos éveilleur
de l'amour.

Julien Maïa

Lycée professionnel hôtelier La Chaise-Dieu
La Chaise-Dieu

Une semaine d'enfer

Lundi je n'ai aucune faiblesse
Autre que de voir cette diablesse

Mardi il me faudra un alibi
pour pardonner cet horrible délit

      Une semaine d'enfer
      Qui nous met sur les nerfs

Mercredi maître des chiffres impairs
J'amorce ma descente aux enfers

Jeudi là je me sens l'âme aux anges
D'avoir revu cette fille étrange

      Une semaine d'enfer
      qui nous met sur les nerfs

Vendredi je m'enferme dans mon désespoir
Ma vie et mon âme sont plongées dans le noir

Samedi un regard qui fait mouche
Pour qu'elle cesse de m'être farouche

      Une semaine d'enfer
      Qui nous met sur les nerfs

Dimanche je ne pense plus jamais à toi
J'ai sous mon oreiller une dent contre toi.

Rkia Radi
Lycée Grand-Chênois
Montbeliard

Anthologie
Lycéens et étudiants de France
et lycées français de l'étranger
2de

Le solitaire

Une nouvelle journée
Pas comme les autres
Une nouvelle silhouette
Pas comme les autres

Je parcours les routes
Je les suis
Je leur offre mon corps
Mon plaisir est atteint

D'autres journées
D'autres silhouettes
Pas comme les autres

Et la vie continue
Sur ce long chemin
Quelle vie de chien !

Gla-gla au Canada

Je me présente, c'est moi
La petite fille du Canada
Qui fait gla-gla quand elle a
froid.
Il est parti mon joli papa,
Parti en Africa
Pendant que moi je me
réchauffe au feu de bois
Gla-Gla.
C'est un casa papa,
C'est un nova papa,
C'est un drôle de goujat,
Si loin du Canada
Gla-Gla.
Comme ici il fait moins
trois,
Je bois, un peu d'calva
Ca chauffe bien l'estomac
Gla-Gla.
Au lieu d'être au sauna,
De courir dans la pampa,
J'enfile ma grosse parka
Gla-Gla.
Les pandas, les cobras,
Ainsi que les lamas,
Ce sont de vrais pachas
N'connaissant pas le froid
Alors que moi
Gla-Gla.

Je n'aime pas le verglas,
C'est vraiment la cata !
On se plante à chaque fois
Et on est glacé jusqu'en haut
des bas…
Je trouve ce temps ingrat
Gla-Gla.
Quand je fais du yoga
Je pense au chaud magma
Mais ça ne me dégèle pas
Gla-Gla.
Et si je vous disais
Qu'il faut tout recommencer
Car je vous ai menti
Je vis à Tahiti !

Grace Tchynoumba-Jacet

Maison d'Éducation de la Légion d'honneur
Saint-Denis

Les fleurs du cœur

"Et toi, là-bas !
Ouvre-moi ton cœur,
rempli de jolies fleurs,
des fleurs rares,
qui s'ouvrent au creux de mon jardin.
Un matin,
sur le balcon
une fleur s'était close,
elle avait le parfum de la rose !
Mais je n'ai pu lui dire
qu'une chose…
Faut-il que je t'arrose ?"

Anthologie

2de

Lyceens et etudiants de France
et lycees francais de l'etranger

Boris Ladune

Lycée professionnel Les Sapins
Coutances

Lisette

Ce matin-là,
La camionnette de Balthazar
Se gara
Dans la rue Villette
Au numéro vingt-sept
Tout en faisant pouët-pouët.
Quand il appela Lisette,
En lui criant : "N'oublie pas ta valisette
Et ta cousette
Afin de réparer mes chaussettes !"
Une fille assez coquette
Sortit en chemisette
Sur laquelle étaient dessinées des pâquerettes
Et s'approcha de la camionnette
Pouët-pouët.
Ils allaient chez madame Ginette
Cette bonne vieille poulette,
Afin de manger une bavette avec des coquillettes.
Après ce repas de gala
Ils plongèrent dans les draps
Où Lisette, au fond de sa couette,
Poussa la chansonnette
"Pirouette cacahuète"
Tout en rêvant de majorettes !

Krystie Duval
Lycée privé d'Avesnières
Laval

La vie, j'en ai peur, comme j'ai peur de toi, de vous, de tous. Je suis moi mais je ne veux plus être moi. Mais si on n'est pas soi on est dans le mensonge. A cause de lui, on se trompe, on s'égare, on se perd. On apprend quelque chose mais si c'est faux ? On le sait après mais c'est trop tard pour sauver ou se sauver. J'en ai marre. Marre de tout. Je ne veux plus mais pourtant je veux tellement que la mort me lâche. Elle me tient, elle m'empêche tout. Je ne peux plus rien faire. Je suis bloquée dans mon trou. Un grand trou noir.

En fait, il n'est pas grand, il est juste profond. Je ne peux plus remonter, c'est trop dur, je suis fatiguée ! Je suis crevée. Il faut que je me reprenne, que je remonte même si dans ce trou il n'y a pas de corde. Une ficelle suffira. Ça prendra le temps que ça prendra et puis voilà !

Jessica Charles
Lycée La Colinière
Nantes

Le temps semble-t-il, s'est arrêté.
M'offre-t-on un moment de répit ?

Je vis en eaux troubles,
Rien n'est vrai, rien n'est faux.
Ce n'est pas important,
Ce moment est tellement unique, si précieux.

J'en profite avidement,
Le savoure délicieusement.
Ce n'est que pour moi, je le sens.

Je pense, trop peut-être,
Et je me perds.
Tout est flou,
Tout est clair.

Je ne suis pas réveillée,
Je ne suis pas endormie.
C'est entre ciel et terre,
Entre femme et fille.
Mi-tourmentée, mi-paisible.

C'est un moment à part.
Mon corps hésite.
Moi aussi.

Alexandre Michel
Lycée Ampère
Marseille

PETITE ANNONCE

Petit moi
Cherche
Petit toi
Pour former
Petit nous
Nous pourrions éventuellement
Nous ébattre dans les champs
Et nous attendrions le soleil levant
Puis sous le soleil chaud de l'été
Nous ferons ce qu'il nous plaît
Et entre deux oreillers
L'espoir pourrait se glisser

Cependant
Tu me mens
Tout le temps

Dans ce couplet
J'aimerais t'amadouer
Pour un rendez-vous
Bisous
Bout
D'chou.

Audrey Schlauberg
Lycée de Lorgues
Lorgues

Mon double

Je contemplais la Lune et son reflet
Dans l'eau à travers la brume, quelle limpidité !

Pas une dune, seulement des rochers
Sur lesquels je me suis appuyée.

Au clair de Lune, je me suis penchée
Sans peur, aucune, j'ai regardé…

Une lacune, on m'a poussé
Sans rancune je suis tombée !

Une tignasse brune, j'apercevais
Et deux yeux bleus, me regardaient.

Une silhouette peu commune, se dessinait,
Malgré la brume j'observais…

Ses vêtements couleur prune, m'intriguaient.
Cette "quelqu'une" m'attirait, me ressemblait…

C'est alors que je compris : ce visage m'était familier
Ce n'est pas un de mes amis, ni l'apparition d'une fée !…

Il s'agit de moi et mon reflet, mon double imparfait
Noyé dans l'océan de la vie, où surgissent vagues de soucis.

Mais, lorsque j'aperçois son image je me sens plus forte,
Dès qu'il disparaît comme un mirage, le courant m'emporte.

Christophe Florentin
Lycée agricole Le Nivot
Loperec

Le collier

Le collier auquel
Je suis attaché
Me gêne, m'agace

Regardez cette colombe
Dans le ciel, elle est belle
Et moi le collier auquel
Je suis attaché
Me gêne, m'agace

Et cette poule qui donne
Les grains de la moisson à ses petits
J'aimerais bien que l'on me traite ainsi
Mais le collier auquel je suis
Attaché me gêne, m'agace

Je suis seul, triste
Et je n'ai rien à manger
Personne ne fait attention à moi
Et le collier auquel je suis
Attaché me gêne, m'agace.

Christie Guedon
Lycée professionnel Florian
Sceaux

Les acacias d'Afrique

Afrique
On pourrait croire
Que tes arbres sont ouverts
Et se déploient à terre tels de grands parapluies !
Pour te protéger de la pluie,
C'est une erreur c'est le soleil que
Tu crains et tes acacias sont des
Ombrelles c'est certain.
On t'appelle Afrique Noire
Encore une erreur, musique, épices,
Tissus, tout n'est que couleur
Afrique il faudrait te découvrir avec le Cœur.

Lycée professionnel Florian
Sceaux

Un continent mystère

Un sable doux et chaud que balaye le soleil chaque jour
le désert y est doré
le soleil y brille de mille feux.
Caressant ainsi la savane avec sa douce lumière
aux tons marronnés
Ce continent mystère, c'est l'Afrique.

Les gazelles, les serpents, mais aussi
les éléphants qui marchent d'un pas pesant
sur les pattes comme des piliers
leurs oreilles en forme de choux
rythment leurs lents défilés,
sans être vieux ils sont ridés
leurs défenses sont leurs seuls ornements.

Un continent de fête et d'espoir
de musique et de danse.
Ces africains qui dansent et se balancent
tout en gardant la cadence
aux bruits du tam-tam
en peau d'hippopotame
accompagnés par le trépignement de corps noirs
agités, recouverts de bijoux et de maquillages
ornant leurs visages.

Hugo Tiercin
Lycée du Granier
La Ravoire

La plume

La plume, étrange objet qu'est la plume. Une furtive finesse frôlant le souffle du vent sur un corps froissé par un amour défriché. C'est une longueur qui gratte sur un support de papier, une âme meurtrie ne pouvant se dévoiler qu'à travers ces vers reflétant sa tristesse.

Et jamais au grand jamais plus, ne plumera ma plume dans mes rêves plumés à l'encre de ta plume. Jamais plus, mais jamais plus mes pensées plumées battent l'aile de ton amour qui dans mes plumes s'envole comme une plume déplumée. Plume dans les rêves, plume dans une louche de poète à la parole d'encre qui vomit ses sentiments envolés.

Chloé Godino
Lycée Le Granier
La Ravoire

Un simple Lutin

Dans la lumière pâle
des tristes étoiles,
un petit lutin des bois
blotti dans son nid de mousse,
sanglote et ne voit pas
que l'observe en douce,
près de lui une grosse frimousse…

L'entendant renifler,
le petit lutin apeuré,
sous son nid se laissa glisser.
La fouine d'un air malin,
se cacha entre deux sapins
et guetta le petit lutin.

Mais ce dernier était bien décidé
à mettre un terme à sa vie,
sa vie qu'il n'avait jamais aimée.
(Le monde des humains sa famille avait fui,
Le laissant seul pour s'élever,
seul pour vivre,
seul pour mourir…)

C'est ainsi que se termine,
au grand regret de la fouine,
l'histoire de lutin qui perça son petit cœur d'une épine…

Menu pour le bruit

Steaks de tintamarre
et de tapage nocturne

Ragoût de bruits de moteurs, de moto
      Sur rue bruyante

Soufflé de vents de pluie et de tonnerre
  Accompagné de bruissement doux, de clapotis
      Cliquetis, claquements.

  Mousse choco-bourdonnement
      Clafoutis aux chuintements
Macédoine de gargouillement à la crème caramel.

     Bon appétit !

tan tan tan t'en t'en t'entends
tu t'entends tu m'entends tu tu m'entends m'entends m'entends-tu
tu il est temps il est
il est temps il est temps tu m'entends il est temps temps de tendre
tendre de tendre de tendre d'étendre le drapeau de l'amour de
l'amour de tendre de de l'étendre
étendre l'amitié ti ti tu sais tu tu sais tu sais cesse cesse laisse laisse
les gestes laisse
mes gestes les gestes doux laisse laisse les les les laisse ils sont doux
très doux très très doux tu sais doux douceur cœur ton cœur
la douceur de ton cœur la délicatesse tesse laisse laisse laisse et cesse
manifeste tu tu tes mani mani ni ne ni ni ne nie pas ne nie pas
tes manies mani manifeste toit toi toi
tu dois toi manifester tu dois manifester tu dois attention attention
tion at at g hâta hâte attention témoignages d'affection
affection affecter infecte toi tu m'as troublée tu m'as affectée tan tan
tan t tu m'as tant affectée tant toi si tendre mais laisse laisse et cesse
car pour toi j'éprouve de la tendresse.

Postface

Ouvrage stupéfiant
Pour petits et grands
Mais personne ne savait
Ce qu'il contenait

Abandonné
Laissant derrière lui un goût d'inachevé
Moribond
Poussiéreux lors d'une oraison

Tel un cortège processionnel
Dans ses tristesses perpétuelles
Pressentant le danger
Il ne peut se cacher

Maltraité et déchiré
Il sent qu'il est condamné
C'est ainsi qu'il finit
Délaissé sur un lit

Ivre de chagrin
Et mort le lendemain
Ni humain, ni pantin
C'est juste un joli bouquin.

Leila El Mensouri
Lycée professionnel Les Alpilles
Miramas

Silence

Tu ne portes aucune apparence
Seulement un habit d'absence.
Tu te promènes comme un vigile
À l'affût d'instants fragiles.

Sur une couleur de délivrance
Tu apparais avec élégance.
Tu as le secret de ne jamais trahir,
Celui de ne jamais rien dire.

Et quand la nuit rêve l'enfance
Sur eux, tu te couches en silence.
Tu es sûrement un miroir,
Celui de nos larmes trompées par l'espoir.

Malgré ton doux regard immense
Le bruit aimera toujours son importance
Tu es aussi la face cachée de la beauté,
Mais qui peut vraiment te supporter ?

La Jolie

*dédié aux marins du navire "La Jolie" échoué à Capbreton en
1861.*

La Jolie,
Figure de proue,
Défrichant lames déchaînées, écumes déferlantes,
S'engouffra dans un profond silence d'amertume.
Laissant derrière elle,
Neuf naufragés, Léonard Fargues, son fils, d'autres,
Qui sombrèrent dans un regrettable sommeil.
Aveuglée par la mort,
La Jolie se noie de nostalgie
Et prend position au fond de la mer.
Achevée par le voyage
Elle succombe au charme de Capbreton
Et y repose à jamais sous l'écume fatiguée.

Charlie Martin
Lycée de Borda
Dax

Les anges de Messanges

Si tu suis tes doutes et tes voyages
Laisse-moi voguer jusqu'à l'orage
Si tu crois en tes rêves
Suis la mer.

Montre-moi des soleils blancs
Et plonge dans la mer d'argent
Montre-moi des voiliers, qui grâce aux vents éternels,
Voguent au milieu du ciel
En touchant les océans de velours
Doux comme l'amour.

Montre-moi le palais de corail
Où se réfugier quand la vie fait mal
Montre-moi le sourire des anges
Errant sur la côte de Messanges.

Recette

Un sizain et deux quatrains
Prendre un crayon et une feuille
C'est simple : penser à rien
Et capturer vos idées

Ouvrir un sachet de bonheur
Et un autre de sourire
Puis dans votre cœur fleuri
Laisser entrer le soleil

Ajouter de la passion
Un peu de tristesse
Et beaucoup de votre âme
Attendre que ça prenne forme
Saupoudrez de quelques vers
Déguster à volonté.

PI

Merci Pythagore, merci Thalès, merci Archimède,
PI, delta, alpha, toutes ces lettres ne veulent rien dire pour moi,
Je ne suis pas la seule, avouez, cela ne sert à rien
Et désolée Descartes, Newton et Régiomontanus

Merci Pythagore, merci Thalès, merci Archimède,
"Ces théorèmes compliqués, ils vous resserviront" :
Paroles de profs devant une équation à trois étoiles
Et désolée Cardan, Stévin et Kovalevskaya

Merci Pythagore, merci Thalès, merci Archimède.

Benjamin Breton
Lycée Saint-Esprit
Landivisiau

L'âme en vague

Plage de sable
Thème de fable
Vague déferlante
Poésie accablante

Peut-être pourrais-je
Faire fondre la neige
Qui remplit mon esprit
Qui me retire ma vie

Mort du poète
Qui aurait pu être
L'âme frigorifiante
D'une princesse charmante

Vie d'un soir
La nuit dans le noir
Disparaît mon envie
De ne plus rien voir.

On ira jouer dans les cours de Belfast.
On ira juste ensemble ; juste nous deux.
Je le sais enfin, je serais de nouveau heureux.
La poésie de tes yeux s'efface doucement de ma tête.
J'ai mis ma folie sur les mots tu es un mirage
Aux anges j'ai crié mon amour de ton corps, de ton visage. J'ai cru être sage mais n'ai pas su t'écouter, te consoler. Excuse-moi d'avoir été égoïste, nos caractères diffèrent, perdurer. Je m'étais imaginé des projets fous comme mon amour. Il me semble qu'il y a eu passion, ça tue l'autre. Quel gâchis, je voudrais crier mais c'est un bruit sourd. Le temps semble avoir masqué quelques vérités, entre autre. Celle qui vit dans me tête est bien loin d'être la même. Tant mieux, tant pis, elle est séduisante et s'appelle la solitude. Je traîne une douleur dont personne n'imagine le mal : blasphème. Merci de m'avoir appris de nouveau la tendresse, oubliée l'incertitude.

Écrire, pour être ce que je suis ou ce que je ne suis pas.
Écrire, pour vaincre l'hésitation, gagner la certitude.
Écrire, parce que mon exaltation réside dans cette manière d'être.
Écrire, pour m'encrer dans mon Surmoi quand je perds de vue mon Moi

Écrire, pour solliciter mes inventions et leur imagination.
Écrire, pour que mon esprit s'envole quand ma tête reste.
Écrire, pour croire et faire croire que je suis le maître.
Écrire, pour donner corps aux pensées.
Écrire, pour l'Écriture, pour Soi et pas pour le Monde.

Écrire, quand je n'ai pas la certitude d'être moi.
Écrire, là où l'imagination reste maître des pensées du Monde.

Finies les flatteries et jeux de regards
Laquelle de ces barrières joue au brouillard ?
Pourquoi de la poésie et du temps ?
Si l'amour est prédit, parfois très lent !
Que tu sois homme ou femme depuis la pomme
Un hasard destiné, sauf pour nos âmes
Laissons nos jolies dames jouer, certes louche !
Pourvu que l'on puisse goûter à vos bouches.

Au revoir

Tu étais toujours en retard
Maintenant tu est trop en avance
En ce jour fêtard
Je manifeste mon silence.
Tu pariais avec la vie
Que tu étais invincible
Tu y croyais mais aujourd'hui
Tu es pris pour cible.
Tu lui portais tant d'amour
C'était ton petit bijou
J'ai pesé les "pour"
Mais les "contre" m'ont mise à genoux.
Ta moto, ta vie, ta meilleure amie
Tu communiques avec elle
Par des coups d'accélérateur
Et plus tu l'aimes, plus ça pète dans le moteur.
Ne dis rien elle te comprend
Ton corps est sous le vent
Ton âme au 7e ciel
Elle te fait pousser des ailes.
Tu maîtrisais ta Reine
Avec elle tu étais le Roi
Mais un jour tu as fait le fou
Et moi je n'étais pas là…
Échec et Mat, la Reine a mangé le Roi.
Les oiseaux se cachent pour mourir
Je me cache pour pleurer
Souvent j'aimerais m'endormir
Ne plus jamais me réveiller.
Tout cela, je l'ai écrit pour toi
C'est ma manière de te dire
"Au revoir Papa".

Fin Heureuse

Tu me fais glapir d'impatience,
avec tes ombres blanches qui m'attirent,
petit à petit ma curiosité s'aiguise,
mon envie grandit, cette envie de te rencontrer.
N'envenime pas la situation en t'enfuyant,
reste où tu es, attends-moi et ouvre tes bras,
accueille-moi au fond de ton cœur de lumière noire.
Tu t'insinues en moi tel le venin de la vipère, lentement
mais sûrement tu atteins les points stratégiques de l'anatomie
de l'être oppressé.
Ton effet agit. Frêle alors je suis ?
Tremblants mes membres sont ?
Maladif ai-je l'air ?
NON, confiant, heureux, libéré, soulagé des plus grandes
peines de ma vie.

Le souffle du vent m'emporte,
ainsi que tous mes soucis,
au-delà des frontières de l'inimaginable…
Je vole, je rêve, je revis, enfin je m'endors pour ne plus jamais
faire face à la vie.

Une cabane de pêcheur, aux reflets argentés –cachée– dans les hautes fougères sur la rive d'un lac. Droit devant, sur la rive opposée, la ville, dont les lumières viennent caresser la tôle et le bois noir, rouillée et rongée de toutes parts. La cité prodige l'ignore car un nid, chaud et doux et végétal, berce la frêle construction qui se balancerait si son foyer ne menaçait pas de céder. Tout autour d'elle, immense et dense la forêt qui l'isole au bord du miroir glacé. Les têtes tranchées alentour ont nourri son cœur, cependant une jonquille se tient à ses côtés. Un pauvre quai fait de rondins de bois, s'avance si près que l'on sent la mousse verte et glacée, accrochée à ses pieds. À ce quai est amarrée une barque fauve et ronde qui n'a jamais servi mais qui, peut-être un jour, fera un long voyage. Les étoiles au ciel veillent et protègent et sont, en tout temps, rejetées sur l'infini. On peut tout voir de cette pitoyable hutte, on peut tout voir sans être vu !

Pendue

Je suis pendue à tes lèvres je suis pendue à ton cou
Pendule affolée je sonne de minuit les douze coups
Je suis pendue au sans fil débauché de nos envies
J'essuie, un peu malhabile, les pans souillés de ma vie…
Je suis écorchée vivante, tes mains décapent ma peau
Et mon corps chuchote en boucle ô mon Dieu que tu es beau
Je suis écorchée, errante, la débâcle dans le dos,
Vers des contrées inconstantes tu me pousses à fleur de mot…
Je suis écartelée vive entre la reine et l'esclave
Et qu'importe que je suive ces effluves, ta voix suave,
Je suis écartelée vive et mon âme est hors de moi
Elle me pousse et te réclame, me met dans tous mes états…

Baiser sensuel

C'est dans ce fruit de douceur
Juste placé au creux de ton ventre
Où j'ai déposé ce baiser de bonheur !
Avec mes lèvres qui ont glissé entre
Le creux de ton corps et de ton cœur
J'ai pu y découvrir une fente,
Et je reste là à la contempler des heures
Sans que cela me hante
Comme un pétale de fleur
Je te laisse humer ce parfum de menthe.

Quête futile

Le train s'ébranle enfin. Lumière purificatrice, me voilà !
Depuis ce temps où je me démène, tâtonnant sans fin dans
[l'obscurité]
J'ai enfin trouvé l'horaire qui désormais me mène à toi.
Et ce ne sont pas de ridicules farfadets qui dans mes rêves me l'ont
[révélé.]

J'ai dû péniblement traverser la brousse des absurdes sentiments
En insufflant à ma poésie la raison comme le matelot bouline sa
[voile,]
J'ai dû ignorer tous ces gens qui sont sur le quai à me contempler
[tristement.]
À l'ombre des ombellifères, je lis l'amertume que leurs âmes et
[leurs larmes dévoilent.]

Tant pis pour eux, ils n'ont pas vécu nos souffrances et nos
[espérances,]
Ils n'ont pas su à temps comme nous autres l'heure du départ
Pourtant, j'en vois un qui prie à côté d'un autre aspiré dans une
[diabolique danse.]
Je déambule inquiet, mais où sont les autres passagers qui avaient
[marre de nos tares ?]

Seul. Je suis seul dans mon insensé quête d'une vérité salvatrice.
Les limbes m'enténèbrent. Est-ce donc cela ? Ceux restés sur le
[quai me plaignaient,]
Et essayaient par des appels tactiles, impalpables à travers les vitres
[de mon entêtement]
D'éviter un inutile sacrifice.
J'entrevois les sombres bords et dire que j'aurais pu trouver le
[naturel simplement,]
Quand auparavant étant éternel enfant, petit archer et fraternité je
[vous chérissais !]

Les violettes éternelles

Violine violette, nacrée, à l'aube en éveil, de poudre rosette,
Irisée et perlée, lorsque voûte s'étoile, de lueurs célestes ;
Ô ! Belle damoiselle, l'été à peine chantonne son retour et
L'ombre géante d'un vieux sage feuillu
Enlace ta robe de lilas brodée,
Teintée de vermeil sous les doigts de l'astre doré.
Tourbillon venteux, embaumé de fragrance,
En souffles fluets jusqu'à Dame Lune enivre.
Sombres sont les temps qui s'avancent à présent.

Enchanteresse oubliée des hommes ici
Tu demeures, prisonnière de ton chagrin,
Et sous les arbres qui dépérissent,
Rongée par l'oubli des cœurs mortels, tu faneras.
Non ! Laisse à l'humanité froide
Et pressée, aveugle des simplicités,
La chute certaine à laquelle, stupide, elle s'est condamnée.
Les ombres s'avancent déjà sur elle, mais toi,
Éternel amour des âmes bohèmes,
Sous la plume du poète te voilà immortelle.

Bruits & Barreaux

Écoutez-les !…
Ils hurlent en langues multiples
Accrochés aux barreaux
Pleins de fureur et de cris
Poings levés et la gorge déchirée
De violence assassine.
Voyez-les ! Pauvres créatures !
Misérables, ils aboient leur détresse.
Tels des chiens enragés
Ils râlent leur désespoir
Du matin au soir
Leurs plaintes mêlées de sanglots
Gémissent, protestent,
Revendications de trop.
Geignards ! Pleurnichards !
Par Dieu ! Faites-les taire…
Silence !

Il nous prend, lorsque l'on dort
Sublime sentiment d'abandon
Nous prend dans ses bras doux et forts
Nous enveloppe comme un cocon

Comment ne pas l'aimer
Il n'est qu'imagination, jouissance et sensation

Si finement il s'installe innocemment
Au plus profond de notre inconscient

Fermez les yeux,
Et voyez,
Qu'il suffit de peu pour pouvoir l'inviter
LE RÊVE.

Nuit blanche

Herbes folles gardant les secrets des amants
Broussailles
Haies hargneuses haranguant le ciel
De leurs branchelettes criardes
Arbres brumeux silhouettes fantomatiques d'un rêve
Nuages bas enivrant d'un esprit perlé
Toutes les ombres furtives qui peuplent les nuits
Rêve et réalité mêlés entrelacés
Susurrant des mots rassurants
Aux amoureux des nuits sans lune
Des nuits noires d'albâtre de l'hiver

Une pluie fine et insidieuse
S'insinue sournoisement dans les cheveux

Le rêve laisse une trace
Fugace de sa présence
Aux amants de la nuit
Aux amants de l'ennui.

La gariguette

Douces et premières journées de printemps
Le vent chaud et sucré souffle dans son cou
Les soleils se reflètent dans ses cheveux roux
Les odeurs s'entremêlent à ses petites jambes nues
Elle la sent, elle respire, elle s'en empare
La caresse d'une main subtile et innocente
Le désir monte jusqu'aux papilles qui s'agitent
Les oreilles bourdonnent, les yeux pétillent
Tentation trop forte
L'élégance d'un geste : le pêché originel est commis
Le nectar fruité s'immisce au plus profond de son corps
Bonheur de grain qui se glisse entre deux dents
Les lèvres rouge coquelicot retiennent
Les dernières gouttes du plaisir défendu
Que la langue gourmande ne va pas tarder à aspirer
Un courant chaud l'emplit, l'âme s'échappe
Tout est propice à la rêverie et à l'effusion des sens
Il ne restera, sur la robe blanche, qu'une petite tâche… de fraise.

Jazzman

Blessé par la vie
Il crie dans la nuit
Mais seul un amateur
Entendra ses pleurs.

Sur un rythme lent,
Et un peu triste également,
Il place des mots aphones
Dans la bouche de son saxophone.

Les lettres d'un ami écrivain
Se changent en notes sous sa main,
Et ses paroles endolories
Font soupirer la ville endormie,
Même si elle prend ses balades langoureuses
Pour une simple berceuse.

J'aime les roses rouges, rouge rubis.
Rouges comme le sang écarlate qui règne sur le champ de
bataille.
Ces roses qui de leur parfum plongent les femmes dans une
torpeur envoûtante.

J'aime les roses blanches. Blanc topaze.
Blanche comme la neige qui recouvre forêts et fleurs.
Blanc comme le néant d'un rêve éternel.
Blanc comme les nuages qui font rêver les petits enfants.

J'aime les roses noires. Noire opale.
Noires comme l'ébène.
Noire comme la mort qui surgit sans présage.
Noir comme l'espace infini aux mille secrets.

J'aime les roses bleues.
Bleu lapis-lazuli.
Bleues comme le ciel sans fin, comme l'océan sans fond, où
notre regard se noie sans espoir d'échapper.

J'aime les roses roses. Rose morganite.
Roses comme l'amour sans autre destinée, comme l'amitié
sans faille.

J'aime les roses mauves. Mauve spinelle.
Mauves comme un doux rêve d'été.
Mauves comme un champ de lilas aux senteurs enivrantes.

J'aime ces fleurs aux mille couleurs, j'aime la vie et le nuit, la
lune et la brume, l'eau et le feu, la terre et le vent…

… mais surtout j'aime aimer ceux qui aiment, leur rendre
leurs sourires, les voir avec le cœur et non avec les yeux de
la différence.

Le personnage
dans une pièce
patiente l'arrivée d'une fleur

l'autre attend son tour
assis de dos
il compte à rebours

un troisième est
sur un banc se demandant comment
serait le vase s'il n'était pas blanc

une file entre
à droite, à gauche
elle sort enfin

le personnage la regarde
mais ce n'est pas elle
le troisième imperturbablement
allonge la jambe sur le banc
l'autre atteint les cent
un quatrième entre
il croise un cinquième, bonjour
monsieur

le personnage dans une pièce
patiente l'arrivée d'une fleur
alors la fleur arrive
comme si rien ne l'attendait
le spectacle de son corps le ravit
il lui prend le bras et l'accompagne
croisent le contrôleur
haut, bas
la porte est ouverte
un sourire de sympathie
la fleur se faufile
le personnage la suit
comme ça de fil en aiguille, la scène se finit.

Fatalité

Pour sourire et souffrir j'ai besoin d'un regard
Qui me réchauffera les soirs de mes hivers,
Pour apprendre à parler je voudrais un espoir,
Pour enfin respirer, qu'une étreinte me serre !

Je ne veux que vos pas et paroles informelles
Pour légitimer quelque discours fictif ;
Faites-moi donc connaître le doux goût du miel
Sur vos lèvres humides, et puis d'un geste vif !

Emmenez au pays les milliers d'opprimés
Et mettez donc un terme à leur bien trop longue lutte.
Faites enfin cesser leurs gestes saccadés !
Accablés de souffrance, ils ne verront l'hirsute.

On renaît de nos cendres faut-il qu'elles aient brûlé
Mais devient-on plus fort ou rampons-nous, fragiles ?
Levez-vous sur nos routes, levez-vous et marchez !
Évitez les chemins des bords de fleuves tranquilles,

L'on y croise des monstres aux visage si laids
Que même des aveugles y sont morts, suppliants.
Évitez ces chemins, évitez la forêt,
Il y règne des Dieux contre qui rien n'y fait

Et lorsque vous croisez le cri de quelque nymphe
Marchez sans retourner puisqu'il est de nos jours
Une plus douce récompense à nos vaines offrandes,
Une vie en enfer une vie de toujours.

Une Bouche à Paroles

Cheminer longtemps
Sourdement
Patiemment
Sur tant de chemins
Par tant d'errances
Pour oser enfin ouvrir mes yeux
Sur toute ma vie, mon histoire
Sur toutes mes histoires inventées
Et vraies à la fois.

Pour retrouver ma bouche
Et parler,
Pour sortir du silence plaies
Et ouvrir le silence blessure
Pour retrouver mes mots
Et articuler sans ruminer,
Sans mâcher,
Sans vomir,
Une bouche à paroles
Pour appeler et crier
Et m'entendre rire et pleurer.
Oh! rire de toutes les peurs
Rire de mes pièges
De mes interdits
Caresser mes désirs
Horizons.
Laisser naître enfin
Une bouche à paroles
Pour inventer mon existence.

Fantasmagorie

le jour viendra
où, rassasié
je te tuerai
et je pourrai
enfin clamer
  éperdument
    je t'ai vécue

mais pour l'instant
j'attends j'attends
je me raisonne
et m'empoisonne
car mon cœur saigne
  éperdument
    de la ciguë

Bye Bye Sam !

C'est une union foudroyante
Comme deux rivières qui se croisent
Un petit goût de menthe
Un petit goût de framboise.

On m'a dit un jour
De faire attention à l'amour
Je n'y entendais rien
Je disais : « tel est mon destin ! »

Aujourd'hui, il est parti
Un cœur abîmé, je pense à lui
Je n'entendrai plus son rire qui danse
Dans mon cœur
Je ne sentirai plus ce vent de bonheur.

Tu as pris mon âme
Bye bye Sam.

Ma clope de minuit

Ma clope de minuit
Sous le soleil d'Italie
A attiré la pluie

Ma clope de minuit
S'est éteinte depuis
Que j'ai plus d'parapluie

Ma clope de minuit
A jauni mes jolies
Dents, et c'est pas parti

Ma clope de minuit
Donne un cancer pourri
À mes poumons noircis

Ma clope de minuit
Donne à ma vie finie
Un cercueil d'Italie

La rythmique du pianiste

Cesse de jouer ce rythme entêtant au piano
Ne vois-tu pas que je pleure ?
Où est passée notre mélodie du bonheur ?
Je dessine sur une partition notre amère désolation
Les joues en feu, des larmes pleins les yeux
Toujours dans mon cœur
Ce rythme, ce rythme…
Fa mi do la si… encore ce rythme
S'il te plaît prends-moi dans tes bras
Je dessine dans le ciel notre mélodie du bonheur
Je vois les anges se moquer
Je vois les démons pleurer
Même le sens des étoiles a changé
Au son de nos fausses notes
Je vois les étoiles s'étioler
Récolter leurs poussières et me maquiller
Maquiller mes yeux de poussière d'étoiles
Poussières de rêves bonheur des jours passés
Je t'aime encore, tu es toujours dans mon cœur
Ce rythme entêtant, ce rythme hébétant
Je dessine au crayon noir la rose bleue sang
Je dessine les mots tendres que tu m'as murmurés
Le sanglot des violons recommence
Je suis triste mais à travers mes larmes je vois les tiennes
Fallait-il qu'on se détruise pour voir combien on s'est aimé ?

Lycée Durzy
Villemandeur

Un chocolat dans la bouche

Elle a les cheveux qui bouclent,
Quand elle sort de la douche,
Le pyjama sur l'épaule,
Un chocolat dans la bouche,
Le peigne dans une main,
Les barrettes dans l'autre.
Elle prend son chemin,
D'un matin comme un autre.
Comme ceux déjà passés,
Qui se sont envolés,
Qui n'avaient pas d'espoir,
Lui semblaient illusoires,
Sans but et sans pourquoi,
Où s'éternisaient les doutes,
Les sentiments d'effroi,
Les chaleurs froides d'août,
Où les moments de joie,
Lui semblaient si étroits.

Jusqu'à ce que paraissent doucement
Sans qu'elle y pense vraiment,
Le plus bel événement,
Celui d'être maman.
De pouvoir tout donner,
Ses défauts, ses talents.
Ses manies, ses pensées,
Pour un merci reconnaissant.

Lycée Saint-Joseph
Sallanches

Ça éventre puis ça cherche la faille
Et puis ça tiraille le ventre ça entre dans les entrailles
Ça mitraille là où ça fait le plus mal

Ça déraille le cœur, ça le taille encore et encore
Les mailles de la douleur l'assaillent en plein centre
Ça mord la chair en la laissant vivante

Plus crieuse que le cor qui résonne
Plus faucheuse que la mort en personne
Qui frissonne du plaisir d'une souffrance vicieuse
Qui ne pardonne que la malchance qu'on traite d'affreuse

Qui désarçonne les rires des enfances heureuses
Qui nous harponne comme Dieu harponne les vrais hommes
Les âmes plus précieuses que les pierres qui ornent sa couronne
Mais l'automne jachère son or loin des terres boueuses

Alors le corps qui s'étonne d'avoir la tête creuse
Les yeux qui brûlent trop fort, les jambes cotonneuses
La volonté terreuse, les souvenirs qu'on chantonne
On se soumet au sort, et au glas qui sonne…

Et c'est la douleur, la colère
Qui arrêtent les battements du cœur, à oublier ce qu'est la lumière
Perdre la guerre perdue d'avance
La gorge serrée de silence, quand on ne peut plus rien faire
Juste se taire, en sanglots
Sans un mot, poings à terre, poings à terre, Poings à terre…

Soudain, tout s'éclaircit
Quelque chose s'est évaporé dans l'air
pour de bon.
Je m'élance dans la vie
Un air, un souffle me porte
Un air de quelques notes
de quelques sons, de couleurs.

Une frêle colombe
s'est posée sur mon épaule
et m'a soufflé à l'oreille
quelques mots…
Des mots ronds, des mots doux, des mots souples et chauds

Elle m'a dit c'est fini tu es libre
Elle m'a dit va et danse
Pose le pied sur le petit sentier éclairé que tu vois là juste là
Et pars, la Vie est à toi. Va… Vis.

Elle m'a dit c'est fini plus de guerre
Tu es de nouveau une
Toi

Elle m'a dit regarde, regarde la Vie
Regarde comme elle attend que tu t'ouvres à elle

Elle m'a dit vis
Vis et donne
Offre de toi à celui qui est autre
Aime…
Aime pour ce qu'il est
Aime pour le regard
Aime pour son silence
Celui que tu crois autre sera plus près, toujours.
Vis…

Pour les victimes du sida

Je me souviens
Je me souviens de Patricia quand elle était à l'école
Avec ses sandales blanches
Avec son chemisier de la couleur des larmes
Avec sa jupe rouge et ses cahiers dans une pochette en plastique.

Je me souviens d'elle quand elle pleurait pour des bonbons
Je me souviens d'elle quand elle a été élue la fille la plus belle de ma rue
Je me souviens d'elle sur son lit d'hôpital
Quand elle pleurait essayant de me dire qu'elle allait mourir du sida.

Je me souviens de ses funérailles
Tout le monde pleurait en disant
Pauvre Patricia… elle est partie

Je me souviens d'une fille de mon quartier qui disait "Patricia est morte"
Et c'était vrai !
La plus belle fille de ma rue était morte du sida.

Je me souviens d'elle comme si c'était aujourd'hui.
Avec ses sandales blanches
Avec son chemisier couleur des larmes
Avec sa jupe rouge et ses cahiers dans une pochette en plastique.

Lycée André Maurois
Bischwiller

Essai sur un amour surréaliste

La pluie sur tes cheveux,
les étoiles dans tes yeux,
l'amour sur tes lèvres,
et les grâces de tes gestes.
Tout ceci efface en moi cette douleur
qui flotte comme un drapeau
et dont la couleur est ridiculisée
par le miel de ta peau.

Le miel sur tes cheveux,
un drapeau dans tes yeux,
la peau sur tes lèvres,
et la couleur de tes gestes.
Tout cela ridiculise en moi cette flotte
qui pluie comme une étoile
et dont la couleur est effacée
par la grâce de ton amour.

Forêt de Cristal

Un pur saphir vivant
Qui bruisse doucement
Serpentine en tapis
Où naissent des rubis
Cristal tumultueux
Il joue sur douze toises
Puis se jette orageux
Dans un miroir turquoise
Une émeraude brille
Elle ondule et scintille
Près de l'ambre en colonne
Dans un semblable lieu
Où la joie se donne
L'amour au fond des yeux.

La mer et mon père

Nager dans cette eau si claire
Avec l'homme de ma vie mon père
Je le regarde qui revit
Lui si vieux, qui rajeunit

Et je vis dans ses yeux
Une lueur bleue
Reflétant la vie

Quand il est épuisé
Il regarde le magnifique coucher de soleil
Et il s'émerveille

Il entend les vagues s'écraser
Sur les rochers
En pensant
À son enfance

Quand il prit
Le bateau
Sur les flots
Son âme
Partit vers le paradis

Le retour de l'albatros

Les ailes étalées et le bec allongé,
Trouant l'immense azur. sa haine est restée fraîche,
Nourrie par la douleur. Et percée par les flèches
Qu'ils avaient envoyées, son âme bien blessée.

Il apparaît alors sous ses yeux, sur ces flots.
C'est bien lui, oui c'est lui, le voilà, le cargo !
Mais bien que peu avant rongé par tous ses maux,
L'oiseau calme sa peine, et jette sur les eaux

Un regard pacifique. Et l'œil accusateur
Qui fut avant le sien, se remplit de pudeur
Face aux fils de Neptune. C'est une indifférence

Qui plane dans les airs. Du mépris oublieux
Il ne dépend de rien ; et il est majestueux
Éblouissant le ciel de toute sa clémence.

Lycée Français de Tananarive
Tananarive / Madagascar

Comme un souvenir

Il ne reste de ces matins si froids
Dans les petites rues de la ville
Qu'une petite flaque qui s'oubliera
Comme un souvenir d'argile

Toi t'y ressembles comme deux gouttes d'eau
Qui recourent aux larmes pour survivre
De ce naufrage reste un radeau
Comme un souvenir qui dérive

De ces nuits d'hiver, restera
Une bougie posée sur la table
Où la flamme s'endort, s'oubliera
Comme un souvenir de sable

Toi, tu es comme la fumée blanche
Grain de beauté, incandescente
Petite lumière pour une longue absence
Comme un souvenir qui flanche

L'on reverra sur une plage
Un petit garçon qui signera
De son prénom les beaux rivages
Que la première vague noiera

Et toi, tu es comme ces écrits
Qui attendent que le temps efface
D'une main la charmante fille qui passe
Comme un souvenir et m'oublie.

Lycée Stanislas
Villers-les-Nancy

Coma

Le coma des empires numéraires
M'égare dans le paysage abstrait
Des duels d'infinis et d'éphémères
Se haïssant jusqu'aux derniers extraits.

Les batailles primitives m'attirent,
Je fuis la tristesse lasse d'un monde
Pour dériver d'un morbide avenir
Sur les flots d'une passion moribonde.

Les nombres parfaits expient leur orgueil
Et divisent dans des luttes fractales
Les flocons étranglés d'un rêve en deuil,
D'une chimère aux ailes de tantales.

Ce reflet d'argent d'une asymptotique
Relation, me saoule de récurrences
Et m'enferme dans l'errance cyclique
D'un cœur, d'une raison en déchéance.

J'aimerais tant te voler à l'éther,
Te sacrifier à ces lambeaux de larmes
Régnant parmi ces plaines imaginaires
Là où s'asphyxie, d'inertie, mon âme.

Évasion des Odes et des Songes

Femme nue parsemée de chaînes, Ô Lune, tue-moi
Fasse que cette glauque infortune ranime la solitude des rois
J'ai pleuré des larmes de cristal,
Ô Lune, crois-tu
Qu'en d'autres circonstances nous nous serions battues ?

Tigresse gorgée d'Or et d'étincelles brunes
Démon femelle de la nuit noire
Tu peux le dire, alors, Ô Lune
La profondeur du désespoir

Noie-toi dans le sang de ce cœur
Que tu faisais battre tout à l'heure
Le spleen sera le timonier, la clepsydre se vide
Je vois ce cercueil rigide, victime d'un amour crucifié
Pourquoi m'as-tu dit que tu pouvais aimer ?

Femme nue parsemée de veines, Ô Lune, dis-moi
De quel côté fondent les dunes qui se dressaient là devant toi ?
Afin que les Anges t'assument, Ô Lune, crois-moi
Ôte ce ruban et parfume les sentiments qui bavent en moi.

Je suis seule : je sens le Terre tourner
Je regarde l'immensité maritime chavirer
Je perce cette nuit qui est devenue Moi
Et me demande en vain jusqu'où ira l'effroi.

Crucifixion de verre aux horizons d'ébène
Ressens-tu la brûlure à la main qui amène
Jusqu'à l'objurgation d'un océan de rimes
L'étincelle alarmant du naufrage sublime ?

Jeux de maux

Un terrible mâle me ronge
J'en suis lasse
Et rompue par ses vins mensonges

Quant à mon cœur lui court et bat
Dans l'impasse
Ne peut plus fuir alors combat

Mais je mérite d'être père-due :
Ma disgrâce
Naît de mon amour assidu

Car inconditionnellement
Je l'embrasse
Alors que cet enfer me ment

À mes dépens je le soutiens
Sans menace
De reprendre ce cœur qu'il tien

À quoi bon tant m'éreinter ?
Je m'harasse !
Poing final à l'acerbité

Je quémande une père-mission :
Par ta grâce,
Que cesse cette aliénation !

Lycée industriel Mireille Grenet
Compiègne

Poésie élémentaire

Du haut de la Tour Eiffel
Je regarde le ciel
Dans la main droite une boîte de Bordeau-Chesnel
Et à gauche une autre de Bonduelle
Ô mais qu'elle est belle
Cette charmante hirondelle
Qui volette à tire-d'ailes
En direction de Sarcelles
Tout en croyant qu'elle m'appelle
– Aie ! quelqu'un m'a piqué avec son Opinel –
Mon rêve se dissipe et je me réveille
Dehors s'illumine la Porte de la Chapelle
La télé diffuse un film de Fernandel
Alors ma vie reprend de plus belle
Et me projette dans un quotidien bien réel.

Une petite fille
Et ses yeux qui scintillent
Qui va et se tortille
Dans un champ de jonquilles

Elle chante dans les airs
Un chant de sa grand-mère

Une petite fille
Qui n'a plus de famille
Son avenir fourmille
De questions sans vanille

Il flotte en l'atmosphère
Un doux air d'après-guerre

Une petite fille
Qui trouve une torpille
Se transforme en guenille
Et sa chair s'éparpille

La mort a ses repères
Et aussi bien opère
Dans les airs que sous terre.

MANQUE

Manque manque manque
Manque moqueur
arrimé au cœur de l'ermite,
battant comme la pluie
son rythme aliéné,

Manque manque manque
manque de chaleur
exacerbé par les limites,
Soufflant sur une voie
d'asphalte et de métal
l'odeur âcre de ta sueur

Manque manque manque
manque sans lueur.
Coupables d'avoir instauré des rites
sur le flot mouvant d'un nous-deux.

Creux et noir
Aux bras d'une pensée,
Le manque sirote sa gloire,
Allongé sur l'aiguille statique
D'une horloge silencieuse.

Au coin de la rue
Recouvert de quelques haillons
Se tient un inconnu
Auquel personne ne fait attention
On croirait qu'il est transparent
Il voudrait sans doute l'être parfois
Il s'agit d'un mendiant
Qui lutte constamment contre le froid
Il est replié sur lui-même
Se serrant dans ses propres bras
Il sait que personne ne l'aime
À part ses quelques rats
Il se rend bien compte
Qu'on ne se soucie pas de lui
Chaque jour malgré la honte
Il doit assurer sa survie
Quelques ombres parfois
Lui jettent une ou deux pièces
Mais ce qu'il lui faudrait je crois
C'est un peu de tendresse
Si l'on se penche pour l'écouter
On peut distinguer tout bas
Entre ses pleurs et sa voix gelée
Ces deux mots : "aidez moi".

Lycée Le Castel
Dijon

À l'amour, à la mort

À peine l'amour, la peine d'amour,
Peu de temps d'amour, tant l'amour est triste.
Tout le monde s'aime, la paix personne ne sème.
L'amour est partout, la mort est parterre
Elle traîne ça et là, comme l'amour nous entraîne
À la vie, à l'amour, à la mort.
À peine l'amour, la peine d'amour.

École Centrale de Lille
Villeneuve-d'Ascq

À Sona

Tu es mon Printemps
L'espoir et l'attente
L'union des deux Mères

Toi au front lunaire
À la poésie
Libre et amoureuse

Plume silencieuse
Tu es le lotus rouge
Chantre de mon cœur

Le monde est erreurs
Mais toi, douce folle
À la voix si fraîche

Tu es le Printemps
L'espoir et l'attente
L'union des deux Mères.

Sous mes paupières closes
Je suis ton somnanbule

Sous mes paupières j'ose
Rêver mes rêves ridicules

Je suis sujet de ton hypnose
Désormais je ne recule

Les vertiges me sont roses
Désormais on ne m'accule

Je m'élance sans calcul
Sur la verte tige de la rose

Je m'élance et je bascule
C'est pour toi que je m'expose

À crever le ciel de ma bulle
Sur mes paupières closes

La lumière de ton matin macule
Mes paupières écloses.

Mesurer le gigantisme de la LSD – fiction,
une certaine Carla
sort un livre passionnant, connue pour sa maestria au sein de l'impossible
mais où tout serait écrit.
37 millions de personnages se dédoublent et le vrai-faux
attire les regards et accueille le temps retrouvé
Un deuxième héros n'est resté que douze jours,
puisque les passagers ne donnent pas signe de vie.
Ils ont le même visage du début à la fin.
Ces chansons où règnent en maître les sœurs jumelles charismatiques
Je reconnais que c'est le moment de libérer des menottes
l'artiste abhorré de la lune.
Colonnes d'Arachnides pour abréger les souffrances, jamais peut-être !
Sont-elles issues de ses grises indolences ?
Le climat onirique, il n'en est pas l'auteur,
aujourd'hui, plutôt qu'ailleurs.
N'aura sans doute servi qu'à ça :
ne pas être.

Jonathan Haeck
Université de Metz
Metz

Et plus si affinités

Adolescente en classe de première
Les cheveux blonds et les yeux bleu clair
Toujours vierge et forcée par ses cinq sens
À rechercher un homme d'expérience
Pour apprendre l'amour vrai
Et plus si affinités

Jeune femme venant de devenir majeure
Exacerbée par les amours mineures
Se morfond dans un grand appartement
Où elle attend toujours le prince charmant
Qui vienne un jour la délivrer
Et plus si affinités

Femme, encore fragile, que la trentaine
A atteinte il y a une quinzaine
De jours au cours de ce dernier été
Déçue de son dernier prince fréquenté
Souhaite homme pour ne pas se blaser
Et plus si affinités

Femme d'expérience blessée au plus profond
De son âme, avide de fréquentations
D'un type autre pour mettre à son avantage
Une jeune femme n'ayant pas encore son âge
Qui pourrait enfin la combler
Et plus si affinités

Vieille dame trop souvent seule et ivre
Contrainte à attendre qu'on la délivre
D'une vie qui longtemps l'a malmenée
Et qui lui a pris toutes ses années
Veut que la mort vienne la chercher
Et plus si affinités.

Au fil du temps

Une maille à l'endroit, une maille à l'envers,
On tricote sa vie comme un grand pull-over.
La trame est dessinée, les premiers rangs sont faits,
On nous montre l'exemple puis on prend le relais.

Il y a parfois des nœuds, des rangées à défaire,
Ce n'est qu'en apparence qu'on revient en arrière.
Les aiguilles continuent leur chemin périlleux
Quel que soit le dessin et quel que soit l'enjeu.

Rangées après rangées, les teintes se chevauchent,
Sombres ou lumineuses, parfois loin de l'ébauche.

Jour après jour, maille après maille,
L'ouvrage prend forme,
On se transforme.

Puis, c'est à notre tour de faire les premiers rangs.
On trace le canevas qui guide nos enfants.
On passe le flambeau mais on ne cesse pas :
Une maille à l'envers, une maille à l'endroit.

Les mains tricotent parfois plus vite que les idées
Et l'on oublie les buts que l'on s'était fixés.
Les motifs diffèrent de ce qu'on avait prévu
Mais le sel de la vie est dans l'inattendu.

Les enfants deviennent grands, passent le relais aussi.
L'ouvrage continue et il est réussi.
Des bouts de laine par-ci, des bouts de laine par-là,
Une maille à l'envers, une maille à l'endroit.

Prison

Les murs de ma prison sont ceux de mon école
Où mon corps s'ennuie et mon âme se désole
De voir le ciel immense à travers les vitres
Quand je reste rivé à mon triste pupitre

Je rêve d'une mer étincelante et vide
Roulant ses flots d'argent sous un soleil de feu
Dont la chaleur enflamme tous mes sens avides
Je sens le vent du large à travers mes cheveux

Je rêve d'une pente enneigée et poudreuse
Dans la fraîcheur intacte de l'hiver au matin
Pour écrire le premier une trace glorieuse
J'entends crisser mes skis à travers les sapins

Ciels d'orage, soleils d'été, gels d'hiver et mers douces
Sables dorés des dunes et collines de mousses
Peuples innombrables aux noms si austères
La terre entière est pleine de mystères

Et moi dans ma prison où les verbes d'anglais
Sont aussi discordants que des cris de basse-cour
Je rêve de ces merveilles sans écouter les cours
Comme tout pauvre écolier, rivé à son boulet.

Andreea Pop
Lycée Georges Cosbuc
Cluj-Napoca / Roumanie

Je suis...

Je suis l'ange noir de ta vie
Qui veut toucher tes paupières
Dans l'inconnue nuit
Pour t'aimer à la folie.
Je suis ton désir caché
Au plafond des tes ténèbres
Qui n'a pas le courage
De rester seule.
Je suis l'herbe morte
Sur laquelle tu marches
Chaque jour de ta vie vide
Sans moi.
Je suis le rayon du soleil
Pour pouvoir te caresser
Avec l'insupportable chaleur
De mon âme.

Vittorio Carmignani

I.T.C.S. "Fermi"
Empoli / Italie

La guerre...

Amour déraciné,
Petite flamme qui s'éteint,
Pas lent d'un homme blessé,
Maladies... ravageant plus que la nature,
Cœur qui brûle de haine,
Fusil épaulé par un petit enfant
qui rit à sa mère pour la dernière fois...
Il y a la guerre...
Les larmes de la famille, des amis.
Il est mort...
Fil de frisson dans le corps
glacial plus que la glace,
larmes en verre.
Humanité partagée sur deux fronts,
Le silence après le vacarme,
suivi d'une paix terrifiante...
C'est la fin...
Rouge plus que les flammes,
le sang partage toute chose sur son chemin.
L'éclatement des bombes,
plus tonnant que celui du feu...
Ardents fusils, maisons, pierres...
seulement hurlements et croix...

Lycée A. De Viti De Marco
Bari / Italie

Si j'ai parlé de mon espérance,
c'est à l'amandier fleuri,
qui me donne la force pour surmonter
les déboires de la vie.
Si j'ai parlé de mon amertume,
c'est à l'arbre dépouillé,
qui me rend triste et qui dérange ma paix.
Si j'ai parlé de ma liberté,
c'est au vent,
qui caresse mes jolies joues
et qui me rend insouciante.
Si j'ai parlé de ma joie,
c'est à la lumière du soleil,
qui éclaire mon âme.
Si j'ai parlé de ma vie,
C'est au farfadet,
à qui j'ai avoué les secrets de mon cœur.

Amandine Quin
Athénée Provincial de la Louvière
La Louvière / Belgique

je fus une fillette, une errance
je fus un zip offrant une étincelle
mon visage a souri
mes yeux ont brillé
mais aujourd'hui qui suis-je ?
rien, néant
les sourires se sont fanés
les regards éteints
je suis l'objet de fascination
mais à quoi bon
je voudrais rigoler
je ne sais faire que pleurer
et mes larmes sont l'écume
des souvenirs des jours heureux.

Cosima Ribezzi
IPSSAR
Brindisi / Italie

Mon monde

Tout est fermé dans ces quatre parois nues.
Rien n'existe dehors, rien que lui et moi…
Lui, âme imaginaire
Qui me tient par la main, dans la vie,
Il me porte dans ses bras
Aux moments difficiles…
Aucun cri, aucun rappel,
Quand je voyage dans les larmes de douleur
Sur mon triste sourire de désespoir.
Je vais avec lui dans les étoiles,
Cherchant dans cet immense univers
Une place pour moi.
Mon monde…

Lycée Jean Monnet
Bucarest / Roumanie

La langue de mon ombre
sera presque antique.
Je suis assez immortel
pour envoyer au diable
toutes les paix du monde.

Je serai le roi
de l'Ombreterre,
le cri de la mer,
amant de ma mère ;
tueur mon de père.

Mais le diable
sera déjà tombé
dans les cieux
des dieux, sacrés.

Je serai le seul
de mes races uniques
qui pourra semer
le feu sur la terre.

Mais, corbleu, parbleu,
je ne cesse pas d'aimer Dieu !

Image
Image

Sur le mur jauni
Par la violence du temps
S'accroche une beauté muette

Oh image immobile !
Aucun mot
D'aucune contrée
Ne saura te rendre
L'hommage mérité

Que te chantent les poètes
Bambara ou Haoussa
Wollof ou Zarma

Qu'ils allient les alphabets
Gaulois et Nippons

Nul son
Nul verbe
Ne pourra fidèlement te vêtir

Seul le vénérable silence
Dans ta pieuse contemplation
Transmet à l'âme
Les traits chastes de ton visage
À la pudeur impénétrable.

Line Abouzaki
Collège protestant français
Beyrouth / Liban

À Caroline

Assister au morcellement d'un être
Rongé par ses envies et dépouillé de sa bonté,
Prêt à combattre qui l'offense
Pour le soir flotter sur son propre sang.
À la recherche du bonheur,
Le sang noircit, les paupières bleuissent
Les cheveux s'arrachent et la langue trompe.
Le corps fragile tremble à la chaleur,
Le visage sourit vers les chemins de la perdition.
Guidé par l'inconscience
L'être survit dans l'abîme de ses plaies
Égarés nous sommes, dans le sang et la désolation.

Francesca pavone
Lycée Ettore Majorana
Rutigliano / Italie

Lycéens et étudiants de l'étranger

Sur l'abîme de ma fantaisie

Dans un après-midi d'avril
Ensoleillé et chaud
Je navigue sur l'abîme
De ma fantaisie
En attendant les lumières du soleil couchant.
Un rayon de soleil
Envahit ma chambre
Et allume mes pensées.
Une image grotesque
Apparaît devant moi
Et ne s'en va pas
Blanche, noire, rouge, jaune,
Orange, bleue, rose, verte,
Quelques fois pâle, quelques fois sombre.
Je ne sais pas si je réussirai à comprendre
Qu'est-ce que c'est cette aurore qui
Est en train de naître en mon for intérieur
Et qui peut-être ne se couchera pas.

L'automne au printemps

Elle était le printemps, la vie, l'amour et l'espérance
Les fleurs d'avril, l'hymne de la liberté et de l'existence
Par le concert de sa vertu, elle a perturbé la cadence
Par sa joie de vivre, elle a porté le titre de la performance.

Mais la tempête a éclaté et voilà une nouvelle saison
L'automne triste apparaît et apparaît une triste chanson
Finies les anciennes lumières, lumières de l'ancien cocon
Qui répétait sans cesse : Ou êtes-vous, chers compagnons ?

Terre natale, je te dois mon esprit, ma vie, ma patrie
Je te dois ces nuits éblouies, et ces vieux séjours épanouis
Hier, j'ai enterré mes larmes sous ta terre bénie
Sans toi, je demeure une amie qui n'a plus d'amies.

Ah, ces sauvages, c'était l'un de leurs désirs
D'être à jamais parmi nos durs souvenirs
Te laisser pareille à ce fils qui a vu sa mère mourir
De ses yeux jaillissait un ruisseau et un soupir.

"L'automne au printemps", un symbole dans ton absence
Le monde ne vaut rien, sans un coin de ton charme et ta
[compétence]
L'espoir et la patrie, ont déjà perdu leur sens
Tu étais le printemps, la vie, l'amour et l'espérance.

Lycée Machala / Fann / Dakar

Mature

Je pleure sur mon enfance perdue, mon innocence
J'enterre ce soir celui qui fut moi
Morceau de monde, monde en morceau, ombre du monde
À jamais anéanti par le réel des hommes.

Ombre du monde visible, demain je serai un homme
Ombre du vécu, les mots sont sombres et vides.
Le réel, le réel je rêve!
Le réel, le réel je branle!
Ombre du monde, demain je serai un homme
Ombre malfamée, le monde m'effraie
Ma main sera sale et mon cœur de pierre
Mes yeux rouges de drogues, mes yeux sévères
Demain je serai un adulte, un mort en soi
Plonger dans l'insensible monde de l'âge mature!

Ombre du monde, Ombre terne et sombre
Finies les utopies de jeunesse et la douceur du cœur
Ombre du monde, branle-toi au clair de lune
Ombre du monde, mon enfance qui périt, sacrifiée!
Enfance de milliers de petits êtres névrosés.
Morceau de monde à jamais morceau d'un monde anéanti!

Noemi Levovnik
Srednja Šola za Oblikovanje in Fotografijo Ljubljana
Ljubljana / Slovénie

MUSE   INACHEVÉE   DOUCEUR BASSE
NOIRS LES YEUX   ROUGES LES EMBRASSES
   CHALEUR DU FLEUVE
   SECRET QUI SE POSE
   ENTRE LES ARBRES
   LA CELLULE MATERNELLE

LES BRAS DU LIT
BLANCHES NEIGES   AUTOUR DE SA TÊTE
   LÈVRES ROSES SÈCHES
PUISSANCE INUTILE   COMPLEXITÉ SIMPLE
   LES PARFUMS DU SOIR
   LES CHOUCHOTS LES MURMURES
   CACHÉS DANS LES CHEVEUX
   CHEVAL NOIR BRILLE
   EN MANGEANT
LES ROSES   DES MOUVEMENTS DU CORPS
LE SILENCE
 DES PENSÉES   DÉPENSÉES
   L'OR GLISSE
   AU DESSOUS
   DE L'OBSCURITÉ
   L'AMOUR SACRÉ
   PIROUETTE
   DES PARFUMS DURS
  DOUCES   MURES

Erjona Semini
Lycée Statale Ettore Majorana
Mola di Bari / Italie

Rêver…
et me réveiller à l'aube
Guettant les étoiles dans le ciel
Attendre les couleurs…
Je voudrais déjeuner avec un chaud morceau de soleil.
mais je n'ai pas un corps…
Il me servira verser d'un blanc nuage
la pluie qui fera mon sang
Avec la boue de mon jardin je vais sculpter mon corps.
Et avec les étoiles tombées
je vais créer papillons et lumière.
Le vent sera mon âme
et me portera loin d'ici.
J'aurai besoin de racines
pour que mon voyage ne finisse jamais!
Et je poursuivrai les couleurs, les papillons et les formes.
Mon cœur a besoin d'être touché par les saveurs, les odeurs,
par les images.

L'ange

Mon ange
m'a laissé la nuit écoulée
et observait à la dérobée par le petit trou de la clé
comment les tuniques blanches sèchent
comment volent les papillons atteints de la leucémie
et comment le trèfle aux feuilles amputées
s'endort

et puis
quand son œil s'est déjà engourdi
il a commencé attraper les canards sauvages
et singer grossièrement des grenouilles
et tenter le chien maigre par la saucisse chaude

et lorsque lui ont fait mal les ailes
il a volé à quelqu'un le cigare
s'est assis sur le bord du trottoir
et a commencé ramasser des sous pour la bière

et quand enfin il s'est engoué de la fumée
il a vu
quels yeux tristes
ont tous ces anges.

Université d'État de Moldavie
Chisinau / République de Moldavie

Crépuscule d'automne
La pluie continue,
comme le poison,
coule jusqu'aux os.

Des nuages gris,
comme une armée entière…
contre le soleil,
jettent la draperie nébuleuse
sur le monde.

Un rayon léger
apparaît…,
il tombe facilement
sur une feuille
et elle vole,
ses ailes meurent
sur le sol noir et
humide, en le réchauffant.

Je cache mon âme mieux
dans la poitrine,
qu'aucun rayon
ne le trouve pas,
d'ailleurs, elle sera morte.

c'est l'automne…

Valérie Turcotte
Cégep Beauce-Appalaches
Saint-Georges / Canada

L'Abîme

Je me tiens, là, au milieu de nulle part
Si petite et si frêle
Douce et délicate comme une rose
Mais les pétales se flétrissent
Le tonnerre gronde dans mon cœur
Une mer de larmes inonde mes yeux
Et tu es là, près de moi
Caché dans la pénombre
Je ne te vois pas, je te devine
Prédateur guettant sa proie
Attendant le bon moment
Ton cœur n'est qu'ombres
Le gouffre s'ouvre devant moi
Bouche béante, souriante
N'attendant que je m'y jette
Le vent souffle, me pousse
Je me laisse bercer par lui
Il me submerge, m'envahit
Je me laisse planer, m'y abandonne
Au fond, j'entends l'abîme
Le chuchotement des vagues
Je n'ai pas peur, je n'ai rien à craindre
L'écume m'ensorcelle, m'engourdit
Je suis un pétale sous le vent, légère.

Shen Hongjing
Université des Langues Étrangères de Pékin
Pékin/Chine

Je vous attends

Ce jour-là, la neige partout,
Humide, mon cœur.
L'aliment désagréable au goût.
Tapageux, aux alentours.

Le train roule comme le vent.
Mon cœur, avec souci.
Je jette les yeux sur les gens.
Se tranquillisent, les wagons-lits.

Contre la fenêtre, un homme charmant.
Se croisent les regards.
Cinq secondes plus tard,
Sourires, en même temps.

Voix douce, ton agréable.
Le temps passe, sans s'en apercevoir.
À la gare terminus. Quand peut-on se revoir?
Vent léger, neige paisible.

Sous la faible lumière, je m'assois sur l'escalier,
Les genoux dans les bras, les yeux fermés.
L'esprit très embarrassé.
Qu'est-ce qui s'est passé?

Cesse, tout à coup, la musique. Lentement,
j'ouvre les yeux.
Profondément, il me manque.
Mais, où est mon amoureux?

Mes yeux se mouillent
de sang.
Du sang qui coule
tout au long de mes jours.
Du sang qui traduit ma vie
aux mille carrefours
d´un rêve inachevé

Mes yeux se mouillent
de sang.
sang coléreux
qui coule tout au long
de mon chemin.
Du sang,
qui traduit mon être
au périmètre
de la folie.

Mes yeux se mouillent
de sang.
Du sang qui coule
tout au long
de mes jours.
sang,
qui traduit mon séjour
à la nécropole des naufragés.

Encore pour un instant. Lumière qui doucement réchauffe, qui délicatement rougit les pensées. Les mains qui s'effleurent, comme des mémoires, comme des promesses, comme une saison sans égal. Je ne te regarde pas lorsque tu t'en vas, car je sens tes pas en moi, notes d'amertume qui m'accompagnent tandis que je monte les gradins habituels, les visions troublées, des mots que je n'arrive pas à dire. S'il y avait plus de temps, des distances si heureuses, sans tes yeux, tes parfums dans l'air, dans les mains, dans les narines, hors d'haleine, comme revenir, tout refaire, sentir le double, ne pas me cacher, ne pas détester tes ostentations qui deviennent mes incertitudes. Qu'il fait chaud aujourd'hui, aujourd'hui qui me parcourt de l'espérance d'hier, quand tu me touchais la nuque et me murmurais un "merci" doux comme le miel dans mon lait. Comme tu es ici maintenant. Comme tu n'y seras pas demain.

Dana Baban
Lycée "Prometeu"
Chisinau / République de Moldavie

Confession

Je suis le témoin des baisses d'astres.
Dans mes yeux se reflètent leurs symbioses
   De regrets,
     De silences,
       De tristesses.
Leurs passages condensent l'essence
Dans ma mélancolie de misanthrope forcé…
J'ai suspendu ma respiration,
En concentrant la dimension dans un moment…
Que dis-tu… ? Vivons le silence d'un détachement ?
Me perds dans le tourbillon de lueurs inutiles d'astres…
Avec elles, mes rêves s'annulent.
Est-ce que la vie n'est que réel palpable ?
Je m'ancrerai dans la douceur de certains yeux.
                Les tiens.

Table des matières

Table des matières

Établissements français

Index des établissements

Imprimé en France par CCIF à Saint-Germain-du-Puy (18390)
Dépôt légal : novembre 2004 - N° d'impression : 04/616